ポイント図解

報告書・レポート・議事録が面白いほど書ける本

永山 嘉昭
ビジネスコミュニケーションスキル研究所 代表

KADOKAWA

無料ダウンロードサービス

この本の第３章、第６章でご紹介する

報告書・レポート・議事録の実例を

無料でダウンロードできます。

http://promo.kadokawa.co.jp/pointzukai/pointzukai_houkokusho.zip

ID：Houkokusho　　パスワード：2017h

↑上記URLにアクセスして、IDとパスワード（半角英数字）を入力すると、ファイルをダウンロードできます。

[注意事項]

★ダウンロードはパソコンからのみとなります。

★ダウンロードしていただく前に、パソコンに十分な空き容量があることをご確認ください。

★ダウンロードページへのアクセスがうまくいかない場合は、お使いのブラウザが最新であるかをご確認ください。

★なお、本サービスは予告なく終了する場合がございます。あらかじめご了承ください。

はじめに

　IT化が進んでも、ビジネスの場では、紙やネットでやり取りされる文字中心の文書が主要なコミュニケーションツールであることに変わりはありません。文書化することで、大勢の人に同時かつ正確に情報を伝えたり、記録として残したりすることができるためです。

　ビジネスの場でやり取りされる文書の中で、最も扱う頻度が高いのが報告書・レポート・議事録です。新入社員は、入社後たいてい日報を書いて提出するのが日課になります。やがて、経験を積むにつれて日報は週報や月報に代わり、新たな報告書、レポート、議事録、提案書、稟議《りんぎ》書などの文書を作成するようになります。

　報告書・レポート・議事録を書く技術は、すべてのビジネスパーソンに求められています。本書ではこの技術を、「構成」「文章」「表現」の3つの視点から捉え、理解しやすいように例を示しながらやさしく解説しています。

　本書で示したさまざまな技術を、報告書・レポート・議事録作成に活用され、業務を効率化していくうえでの一助としていただければ幸いです。

永山　嘉昭

CONTENTS

第2章 報告書・レポートをまとめる

第3章

議事録をまとめる

CONTENTS

第4章 「一瞬で伝わる文書」に磨き上げる

第5章 電子メールで迅速に伝える

第6章 すぐに使える実例集

※本書は、2013年1月に当社より刊行された『「ポイント図解」報告書・レポートが面白いほど書ける本』に大幅な加筆をし、再編集して刊行するものです。

第 1 章

報告書・レポートの基本を知ろう

01 なぜ報告書・レポートを書くのか？

報告書・レポートの役割は？

仕事には常に報告が付きまといます。上司は部下の仕事の取り組み状況を把握し理解して、必要な指示・命令をします。それに対して**部下は、与えられた仕事を終えたら上司にその結果を報告しなければなりません。**上司や関係者に自主的に報告する場合もあります。報告の内容は、日報・月報など定期的なものや、出張報告、調査報告など不定期なものまでさまざまです。

これらの報告は口頭で行われることもありますが、言い忘れや受け手の聞き間違いなどが起こりがちです。そうしたトラブルを起こさないためにも、正規の報告や多数の人に対して行う報告、記録としても残したい報告などは文書によって行われます。

■日常的に作成される報告書・レポート

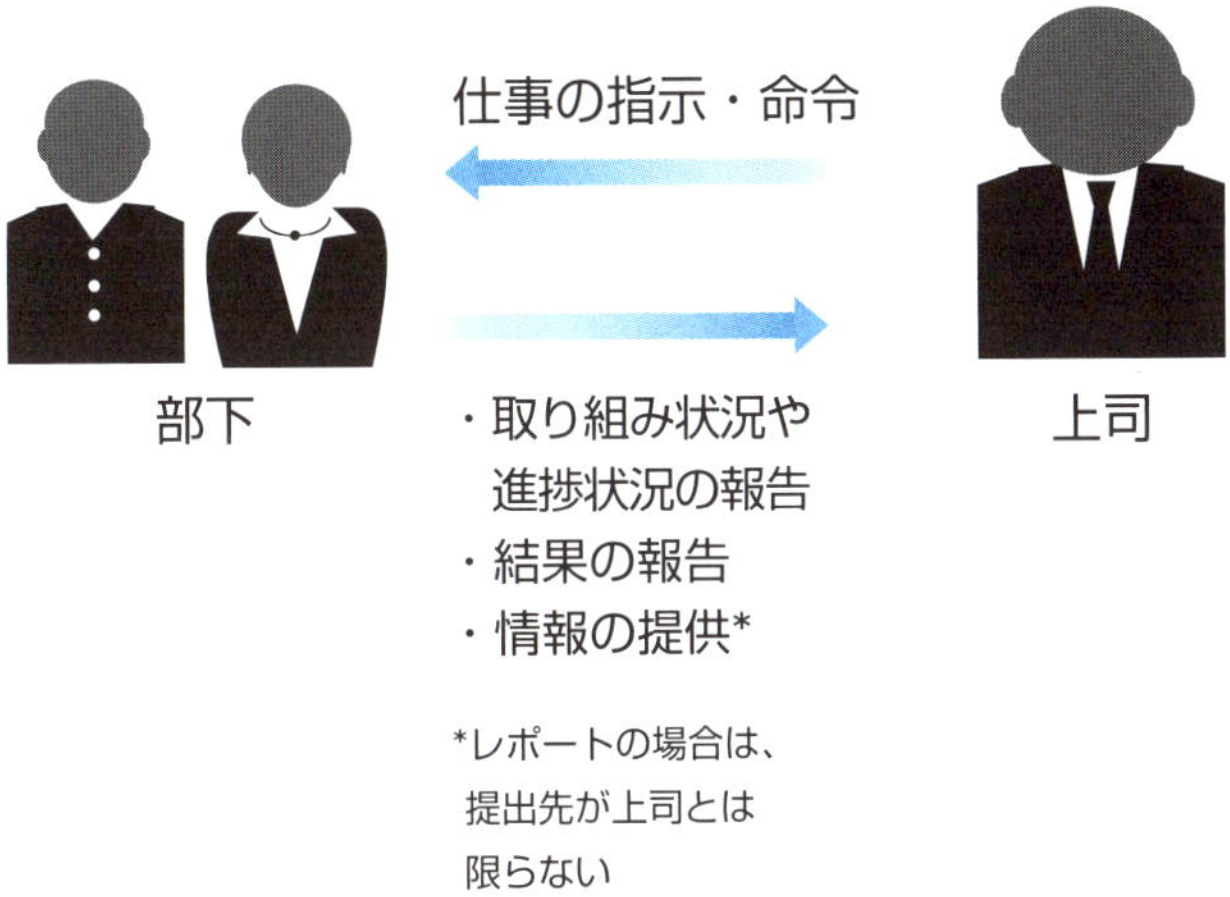

文書による報告の特長

- 正確に伝わる。
- 複数の人に同じことを伝えることができる。
- 上司から、さらに多くの関係者に伝えることもできる。
- 口頭による聞き間違いのような問題が発生しない。
- 資料や記録として残せる。

ビジネス文書

仕事で扱う文書はビジネス文書と呼ばれ、
社内に向けて提出する社内文書と
社外に向けて提出する社外文書に分けられます。
報告書・レポートは主に社内文書として提出されますが、
社外に提出することもあります。

報告書とレポートの違いは？

文書による報告は、**報告書**と**レポート**に分けることができます。

報告書とレポートは、いずれも報告を目的にしている点では同じ種類の文書といえます。しかし一般に、実務上では区別されています。

報告書は、上司から指示・命令された仕事に関して、その進捗状況や遂行した**結果についての事実を客観的にまとめて提出する文書**です。個人的な意見は、所感や所見欄に記述して区別します。フォーマット（文書の形式）は会社や部署ごとに定められていることが多く、読み手は一般に直属の上司などに限られます。具体的には、日報・週報・月報、出張報告書、調査報告書、研修報告書、事故報告書のようなものがあります。

レポートは、研究、調査した客観的な事実に基づき、**個人の意見や見解も含めながらまとめるもので、提案の要素が入った文書**です。特に指示がなく自主的に作成する場合もあり、読み手も上司とは限りません。フォーマットも比較的自由です。企画・提案レポート、調査レポート、研修レポートのようなものがあります。

報告書とレポートの違い

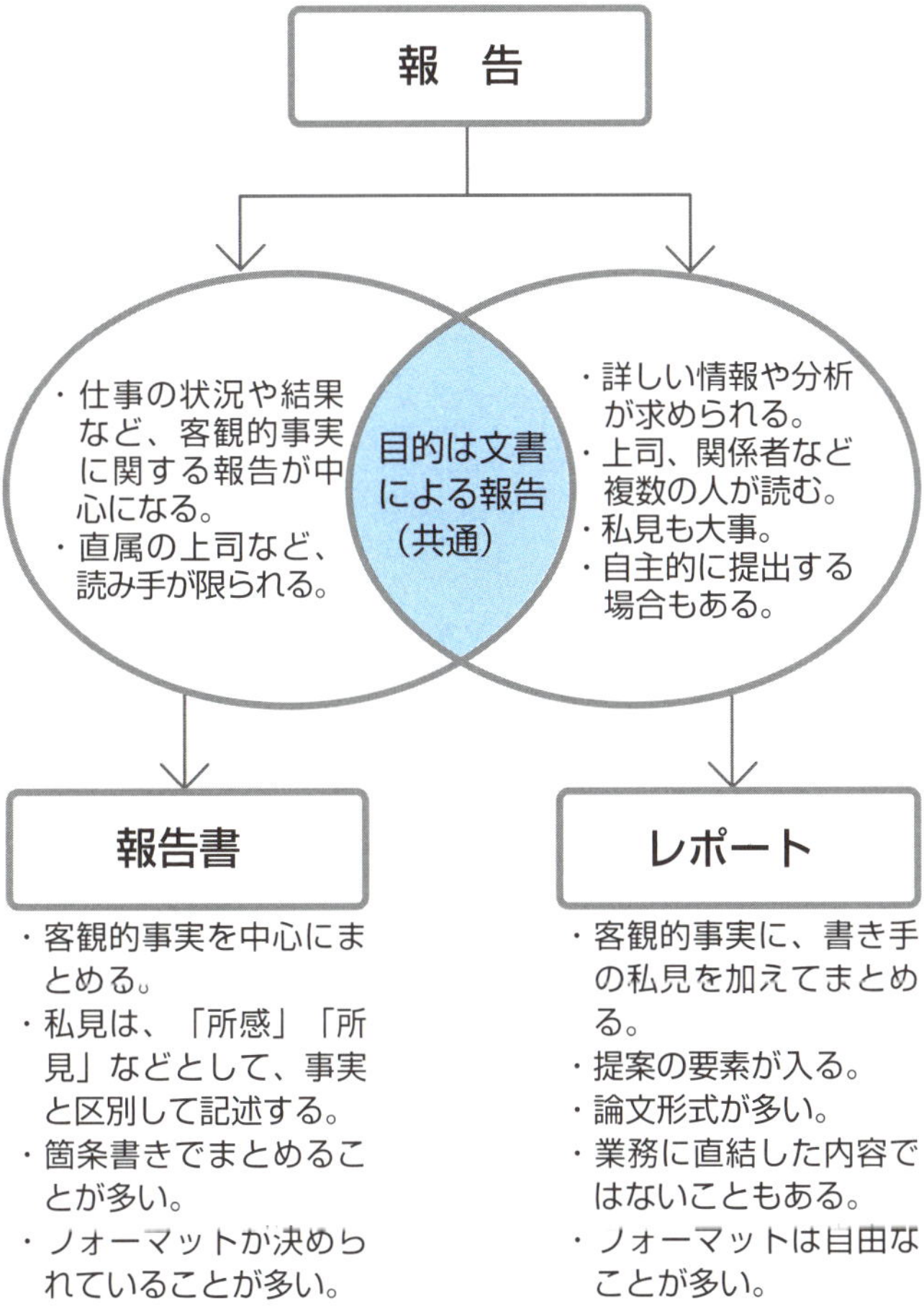

このパートでわかること

➔ 報告書とレポートには違いがある

02 報告書・レポートに求められるものは？

■内容に求められるものは正確さや明快さ

報告書・レポートには、次のようなものが求められます。

①正確さ

報告書・レポートでは、まず**客観的な事実を正確に記述すること**が求められます。データや数値も正しいものを使います。そうすることで、信頼性も高まります。個人的な意見や感想は、事実の記述とは分けて示します。

②明快さ

1つのテーマで全体が整理され、わかりやすい順序で記述しなければなりません。また、読みやすく簡潔でわかりやすい文章・表現も必要です。

③要求された内容

要求された内容を書くには

要求された内容を過不足なく書くためには、
文書の目的と読み手を明確にしなければなりません。
これらの具体的な内容は、
26～29ページを参照してください。

報告書・レポートの内容は、**要求された目的に沿ったもの**でなければなりません。何のために報告を求められているのか、読み手は何を知り何を判断したいのかを考え、それに応える内容にします。不足があったり、逆に要求されていない余分な内容を含めないように注意しましょう。

④具体性のある内容

何のための報告書・レポートなのかが明確に伝わる具体性も求められます。読んだ後、読み手に何らかのアクションを求めたいときは、そのことが伝わるように書きます。

■タイムリーな提出も大事

報告書・レポートの提出は、迅速でタイムリーなものでなければなりません。提出は定期的に、あるいは特定のテーマで報告を求められたとき、報告すべき情報を得たとき、仕事の区切りがついたとき、業務に報告が必要な変化があったときなどに行いますが、**提出が遅れると意味がなくなる**こともあります。

トップダウンとボトムアップの利点と欠点

トップダウンの利点は重要な内容が抜けにくいこと、欠点は内容が埋まらない項目を作ってしまうこと。ボトムアップの利点は各項目に具体的な情報が含まれること、欠点は重要な内容が抜け落ちる可能性があることです。

■必要な項目を網羅する

ここまで述べたもの以外にも、どんな内容にまとめていくかも求められます。必要な項目を網羅していないと、伝わる内容に差が出ます。必要な項目は、トップダウンあるいはボトムアップで抽出して網羅します。

①トップダウンで抽出する

参考にできる報告書・レポートがある場合は、それらの項目に準じて必要な項目を抽出します。参考にできる文書がない場合でも、こんな項目が必要だろうと考えながら抽出していくことは可能です。いずれも、**項目を最初に決めてから必要な情報を集めて記述していく**という点では共通です。このようなアプローチの仕方を「トップダウンでまとめる」といいます。報告書のように、記載項目がある程度決まっている場合はこの方法が有効です。

②ボトムアップで抽出する

参考にできる報告書・レポートがない場合で、集めた資料が十分にあるときは、**資料を分類し、分類したものがどんな項目に該当するのかを考えながら整理していきます**。この方法を「ボトムアップでまとめる」といいます。

必要な項目を整理する

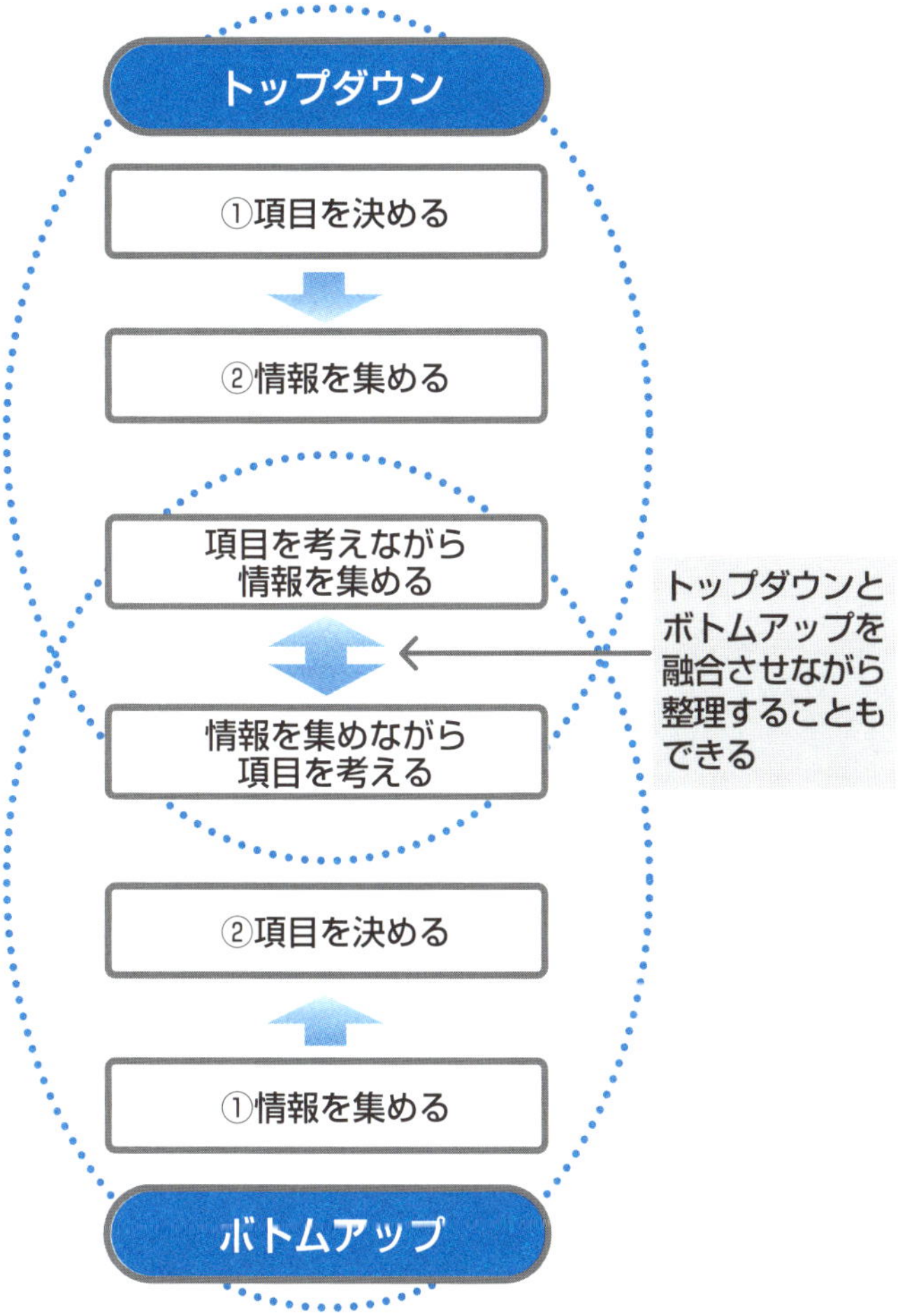

・ボトムアップの場合、集めた情報からキーワードやそれに関連する語句を抜き出した後、それらをグルーピングしてグループ名を付けるという整理の仕方がよく使われる。
・この方法では、項目名はグループ名をもとにして決める。

03 報告書・レポートにはどんな種類があるのか?

定期と不定期がある

報告書・レポートの種類は、大きく分けると、「定期」と「不定期」になります。不定期は、さらに「何らかの行動・変化・事故などによる報告」「提案・主張」「事務的な届け」「レポート」の4種類に分けることができます。整理すると、21ページの表のようになります。

定期は、週末、月末、期末など、決められた期限になったときに仕事の内容をまとめて報告書として提出します。不定期では、調査・出張・会議が終わったときやプロジェクト活動が一段落したとき、取引先や顧客、製品に関する情報を得たときに報告書として提出します。仕事の進め方に大きな変化があったときや事故が起こったときも提出します。

提出の期間が長い報告書
3か月ごとに提出する四半期報、
半年ごとに提出する半期報、
年に1度提出する年報などが
あります。

定期的に提出する報告書・レポートの種類

定期的な報告書・レポートの代表的な種類には、毎日あるいは毎週提出する「日報」「週報」、毎月報告する「月報」があります。ほとんどのビジネスパーソンは、これらの報告書のいずれかを提出しています。提出の期間が比較的長い報告書もあります。また、定期的に提出されるレポートもあります。

不定期に提出する報告書・レポートの種類

不定期提出の報告書・レポートには、4種類があります。

①何らかの行動・変化・事故などによる報告

出張したとき出張先でどんな活動をしたのか報告するのが「出張報告書」であり、研修を受けたときどんな内容でどんな成果があったのかを報告するのが「研修報告書」です。会議があったとき、会議で何が検討され何が決まったのかは「議事録」で報告します。市場や製品、取引先・顧客の調査をしたときは、「調査報告書」を提出します。また、クレームがあったり事故が起こったりしたときは、何が起こってどんな対応をしたのかを具体的に記述した「クレーム

始末書と顛末書

始末書と顛末書は似ていますが、
違いは提出の目的です。
始末書は自分の犯した過ちの謝罪を目的とし、
顛末書は起きたことの一部始終を書くのを目的としています。

報告書」「**事故報告書**」を提出します。

②提案・主張

販売・製造・仕組みなど、業務に関する改善・変更などの要求や提案があるときは、「**提案書**」を提出します。提案内容が新商品の企画、新事業のプラン、事業戦略、新規プロジェクトなど、考え方や規模が大きくなる場合は「**企画書**」と呼ばれます。「**稟議《りんぎ》書**」は、会議を開いて決裁を受けるほどではない事案に用いられます。

③事務的な届け

業務において過失や規程違反などの不祥事を犯したとき、謝罪のために提出するのが「**始末書**」です。一方、自分の不注意などで会社や得意先に損害を与えたりしたときに、上司や会社に対して起きた事柄を詳細に書いて提出するのが「**顛末《てんまつ》書**」です。結婚・出産などの慶事や取引先などの弔事の報告をするとき発行するのが「**慶弔報告書**」です。

④レポート

販売、調査、企画、起案など、さまざまなレポートがあります。

報告書・レポートの種類

分類		種類	内容
定期	報告書	日報	毎日の業務活動報告
		週報、月報、四半期報、半期報、年報	定例的な業務活動の報告
	レポート	各種レポート	定期的な販売・調査レポートなど
不定期	何らかの行動・変化・事故などによる報告	出張報告書	出張先での活動報告
		研修報告書	研修内容と成果の報告
		議事録（第3章）	会議における検討・決定事項の報告
		調査報告書	調査結果の報告
		クレーム報告書	クレーム内容、対応内容に関する報告
		事故報告書	事故の原因・状況・処理内容の報告
	提案・主張	提案書	業務や改善に関する要求・提案
		企画書	業務に関する新規企画の提案
		稟議書	要求事項の決裁依頼
	事務的な届け	始末書	不祥事などの謝罪
		顛末書	不注意による損害が発生したとき、起きた事柄を記述
		慶弔報告書	慶事や取引先の弔事の報告
	レポート	各種レポート	販売　調査　企画などのレポート

このパートでわかること

➔ 報告書・レポートの提出は、定期と不定期に分けられる

04 フォーマットを理解する

■別記の形式が使われる定型フォーマット

ビジネス文書の別記の形式は、報告書・レポートでもよく使われています。


この別記を使ったフォーマットは定着したものが使われます。

左ページの例は、一般的な別記形式のフォーマットです。文書番号、発行日付、宛名、発信者、標題、主文、別記からなります。別記は、「記」に続いて見出しと本文で構成された項目別の報告事項を記述し、最後に「以上」を右ぞろえで記入します。項目別の報告事項は、箇条書きが多く使われます。

文体は、主文が「ですます調」、別記は「である調」または「ですます調」とします。すべて「ですます調」の場合でも、箇条書きは「である調」にしてもかまいません。

■別記形式を使った研修報告書の例

宛名　文書番号、発行日付

AD17-003
2017年6月20日

販促部長　山田健太様

発信者

宣伝課　清水真紀

主文

社外勉強会参加報告書

標題

Webに関連した新しいマーケティング手法を学ぶために、下記社外勉強会に参加しましたのでご報告します。

記

「記」以降が別記

1. テーマ　インバウンドマーケティング
2. 主　催　サークルBizオール
3. 日　時　2017年6月19日（月）17:00〜19:00
4. 会　場　六本木イベントホール
5. 講　師　小峰真之氏（『消費者心理の捉え方』の著者）
6. 参加費　5,000円

7. 開催概要
・第1部（17:00〜18:00）
講師によるテーマについての解説
・第2部（18:00〜19:00）
テーマを中心に参加者全員でディスカッション

8. 内　容
第1部では、インバウンドマーケティングとは、顧客を誘い込むマーケティング手法であり、具体的には検索エンジンやFacebook、Twitterなどからいかに自然に顧客が見つけられるようにするかを考えることであるという説明があった。
第2部は、立食パーティー形式での懇親会で、テーマを中心にディスカッションを行った。

9. 所　感
・いわゆるWebマーケティングの話であるが、「誘い込む」という観点から論じており新鮮であった。直接的な方法で商品を販売するだけでなく、いかに顧客を誘い込むかという視点を強めていく必要性を感じた。
・第2部では名刺交換を積極的に行ったが、今後につながる可能性がある。

10. 添付資料
当日の配布資料一式

以上

・文書番号（右ぞろえ）、発日付（右ぞろえ）、宛名（左ぞろえ）、発信者（右ぞろえ）、標題（中央ぞろえ）、主文、記（中央ぞろえ）、報告事項、以上（右ぞろえ）という順序と配置は決まっている。
・文書番号は、省略することがある。

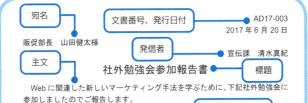

別記の形式を使わない定型フォーマット

表形式が多く、たいていは記入する項目も
決められています。
そのため、業務内容の変化や傾向が
把握しやすくなっています。

■別記の形式を使わない定型フォーマット

日報、週報、月報、出張報告書、議事録（第3章）などは、会社であるいは部署で独自のフォーマットを決めていることがあります。その場合は、決められたフォーマットに従って書きます。

■形式にとらわれないフリーフォーマット

形式にとらわれないフリーフォーマットも使われます。フリーフォーマットは、主文までは別記の形式と同じですが、その後を別記にしないで見出しと本文を交互に記述していくものです。左ページの例は、フリーフォーマットを採用した報告書です。

このフォーマットは、メモ書きに近いような簡単な報告書や文章量が多くページ数が多い報告書によく使われます。

フリーフォーマットの場合の文体は、すべて「ですます調」にするかあるいは主文だけ「ですます調」にして、その後は「である調」で統一するかします。また、文書全体を「である調」で統一することもあります。

■別記形式を使わない意識調査報告書の例

PR17-003
2017年6月20日

経営管理部長　中山様

企画調査部　坂田

主文

エコ商品についての意識調査報告

前回の経営委員会で、エコ商品のラインナップについて話題に上りましたので、エコ商品に関する意識調査を行いました。その概要をご報告します。

1. 調査目的

今後のエコ商品開発のための基礎資料として、消費者の意識調査を行う。

2. 調査方法

データベースから無作為に抽出した1,000ユーザーへアンケート用紙を送付して得られた回答を分析した（回収率：63%）。

3. 調査結果

(1) エコ商品に対する意識

・商品購入時に「エコ」を意識するユーザーは、65%であった。
・「エコ商品」と「低価格」の商品選択基準としての比較では、「エコ」重視が32%に対し、「低価格重視」は62%を占めた。

(2) エコ商品で許容できる上限価格

・57%のユーザーが、許容できる上限価格は10%増までと回答した。
・回答の詳細は、別紙1に示す。

4. 考　察

・商品購入時に、「エコ」を意識するユーザーは増加しているが、「低価格」の魅力を超えるまでには至っていない。
・「エコ」による価格プレミアムの上限は通常価格の10%高までであり、それを超えた価格では商品選択における大きな阻害要因になる。
・エコ商品の価格を通常商品並みに抑えられれば、消費拡大が可能と思われる。

以上

・上記の例のように、別記を使わない形式の文書もよく使われている。
・「ですます調」で統一した場合でも、箇条書きの部分だけは「である調」で書いてもよい。
・文書番号は省略することがある。

このパートでわかること
➔ 別記を使わない形式もよく見られる

05 目的は何か？　読み手は誰か？

■必ず目的がある

報告書・レポートには、必ず目的があります。文書を書いて提出すること自体が目的ではありません。

上司から報告書・レポートの提出を求められたときは、起こった事実や書き手の意見を報告書・レポートを通して上司に知ってもらうのが目的になります。

目的が不明確なときは、上司に確認しなければなりません。

目的が曖昧なまま作業を進めても、求められる報告書・レポートにはなりません。報告書・レポートは書いて提出すれば終わりではなく、文書によってその目的を達成することが大事なのです。

■目的を意識しながら書く

報告書・レポートを書くときは、その目的を明確にしたうえで**どうすれば目的を達成できるかを考えながら書きます。**

■読み手を意識する

報告書・レポートを書くうえで、**読み手を意識することは極めて大事です。**上司の指示で報告書・レポートを書く場合は、読み手が誰かは明確ですが、読み手が複数の場合も、中心になる読み手は誰かを想定します。

読み手を意識することで、読み手が必要とする内容を的確な表現で伝えることが可能になります。読み手に対する訴求力も増加します。

■読み手に合わせる

自分が読む立場になれば、必要なことが書かれていない報告書・レポートや、意味のわからない専門用語を多用したものは読みたいとは思わないはずです。

報告書・レポートを書くときは**伝えたい内容が無理なく伝わるか、求められて**

いるテーマから外れていないか、何か不足していると疑問に感じさせないかなどを常に考えます。そして、読み手が文書を無理なく読み進めることができ、書き手の意図するところをくみ取ってもらえるようにします。

専門的な情報や技術的な内容を含んでいる場合は、読み手の知識や経験を考えます。それによって、専門用語を一般的な用語に置き換えたり、専門用語を解説したり、背景にある技術について説明したりします。

読み手の期待を裏切らない

読み手が報告書・レポートに期待するものは何かを考えることも必要です。読み手の期待とは関係が薄いと思われる内容を省いたり、期待する内容を補強するような修正を加えたりします。また、読み手の立場で考え、誤解を招きそうな表現があると感じたら修正します。

読み手にとって不要と思われることを、書き手の都合だけで含めることは避けるようにします。そうすることで、読み手の負担を減らせるだけでなく、文書をスリム化させる効果もあります。

■書き手が情報提供者に徹しているときの書き方

> **X社の商品開発に関する調査報告書**
>
> 　先月の経営管理委員会で話題に上った、X社がどのようにして成熟した市場でヒット商品を生み続けているかについて調査しましたので、下記のように結果をご報告します。
>
> 　（以下、省略）

・提出する報告書・レポートをどのように扱うかの判断を読み手に委ねているときは、このような書き方でよい。

■読み手への要望をはっきり伝えたいときの書き方

> **X社の商品開発に関する調査報告書**
>
> 　先月の経営管理委員会で話題に上った、X社がどのようにして成熟した市場でヒット商品を生み続けているかについて調査しましたので、結果をご報告します。次回の商品企画委員会で、当社の商品開発の問題点を議論する際の参考資料としてご一読をお願いします。

・読み手にとってほしい行動を明確に書く。
・「許可してほしい」「可否を判断してほしい」「意見がほしい」など、読み手に求める内容によって表現を変える。
・返事をもらう期限を示す場合もある。

このパートでわかること
➔ 報告書の読み手を想定し、主文の表現を変える

06 作成のステップは？

手順に従って作成する

報告書・レポートは一定の手順を経て作成します。**正しい手順を経ることで、的確な報告書・レポートを効率よく作成することができる**ようになります。

報告書・レポートの作成では、まず報告書・レポートのどちらで書くかを決めます。前例や習慣にならって決められるときはそうしますが、そうでないときは両者の特徴を考え、文書の目的やテーマ、種類なども勘案しながら選びます。

報告書にするかレポートにするか決めた後は、一般に33ページに示した7つの手順で作成します。情報を集めてから構成を考える場合もあるので、そのときは手順③と④が入れ替わります。

■7つの作成手順がある

報告書・レポートは、次の7つの手順を経て作成します。

①文書の目的やテーマ、種類、読み手を明確にする

何のためにどんなテーマのどんな種類の報告書・レポートを作るのかを明確にし、読み手にどんな内容を伝えるべきかを考えます。読み手が誰であるかも明確にします。

②内容に適した文書のフォーマットを決める

決められたフォーマットがあれば、それを使います。フォーマットが特に決められていない場合は、別記形式のフォーマットにするかフリーフォーマットにするかを決めます。

③構成を決める

最も伝えたい目的は何かを明確にしながら、どのようなストーリー展開が適切かを考えます。そして、全体の構成をどうするかを決め見出しを考えます。

構成を決めるときの方法には、大別するとトップダウンとボトムアップの二通りがあります。

推敲作業

推敲は、文書を書いた本人が行います。
全体を俯瞰するような気持ちで構成は適切か
項目の漏れがないか確認すると同時に、
細かい文章表現から誤字・脱字に至るまで
幅広い視点で作業を行います。

④情報を集める

構成に従って記述するに当たり、不足している情報があれば収集します。

⑤文章を書く

見出しに沿って本文を記述していきます。このとき、最初から完全な文章を書くのは難しいこともあります。そんなときは、見出しごとに思いついたキーワードを書き出した後、そのキーワードを眺めながら本文をまとめていくという方法を使うと比較的楽に書き進めることができます。

⑥推敲《すいこう》する

記述した内容が、テーマ、文書の種類、目的、読み手に合っているか、結論は明確か、結論の位置は適切か、文章は簡潔にわかりやすくまとめられているかなどを確認し、問題があれば修正します。数値の間違いや誤字・脱字・漏れ・ダブリがないかなどについてもあわせて確認します。

⑦最終確認をして提出する

必要があれば関係者にも目を通してもらうなどして最終確認をした後、提出します。

報告書・レポート作成の7つの手順

①文書の目的やテーマ、種類、読み手を明確にし、報告書かレポートかを決める

↓

②内容に適した文書のフォーマットを決める

↓

③構成を決める

↓

④情報を集める

↓

⑤文章を書く

↓

⑥推敲する

↓

⑦最終確認をして提出する

このパートでわかること

➔ 正しい作成手順を経ると、抜け漏れが防げる

コラム1

敬称の付け方

◆社内文書の敬称

特定の人に対する宛名の書き方は、「販売部長」「販売部長　沢村様」「販売部長　沢村大樹様」のような表現のいずれかです。「沢村販売部長」という表現もあります。「販売部長様」や「販売部長殿」は使いません。

肩書がない場合や省略する場合は、「販売部　内山様」「販売部　内山理紗様」のような表現にします。

複数の宛名があるときは下に増やしていきますが、大勢の人に宛てる場合は、「マネジャー各位」「標準化チームメンバー各位」のように「各位」を使います。

参考までに、写しを他の関係者に送付したいときは、「(写) ○○様」のようにして付け加えます。

宛名が人ではなく、組織名、グループ名、委員会名などの場合は、「環境委員会御中」のように「御中」を使います。

◆社外文書の敬称

社名や部署名は略さないで正式名称を使い、次のような書き方をします。

株式会社 XYZ プロダクツ
　販売部　第1課長　野崎由香様

社名だけの場合は、「株式会社 XYZ プロダクツ御中」のように書きます。

第2章

報告書・レポートをまとめる

07 わかりやすい標題と見出しを考える

■内容がわかる標題にする

標題は、報告書・レポートの最初に付くタイトルです。**読み手は、まず標題を見て何に関する報告書・レポートなのかを判断します。**この標題が適切でないと、読むべきかどうかの判断ができないまま、しばらく読み進まなければならないということになります。何事にも効率が求められ、時間を有効に使うことが求められているビジネスの場では問題があるといえるでしょう。

標題は、次の点に注意しながら内容がわかるような付け方をします。

①テーマが伝わる具体的な表現にする

抽象的な表現を避け、テーマと合った具体的な表現にします。たとえば、「提案書」では、何に関する提案なのか不明です。「新製品導入提案書」や「3D

見出し
見出しは、「タイトル」と呼ばれることもあります。
本書ではまぎらわしさを避けるために、
文書全体を指すタイトルの場合は「標題」、
本文の中のタイトルは「見出し」
と呼んで区別しています。

プリンター導入に関する提案」とすれば、提案のテーマは明確になります。

②簡潔な表現にする

具体的な標題といっても、長すぎる標題は避けるべきです。たとえば、「多品種少量生産に効果的に対応できる3Dプリンター導入に関する提案」では長すぎます。**標題の文字数は、20字を超えないようにするのがよいでしょう。**

③読み手の関心を引く表現にする

たとえば、「金型不要な3Dプリンター導入の提案」は提案対象の特長に触れて関心を引くようにした標題です。ただし読み手の関心を引きたいあまりに、奇異な印象を与える表現になるのは避けたほうが無難です。

■具体的な見出しにする

文章量がごく少量の場合は省略することもありますが、報告書・レポートの本文には一般には見出しを付けます。本文の内容は、いくつかの「かたまり」に分けることができます。このかたまりごとに見出しを付けることで、読み手はかたまりとその内容を認識しやすくなり、読みやすくなります。

内容の「かたまり」

文書の内容は、ある主題でまとまった複数の
かたまりでできていますが、
このかたまりのことをブロックと呼ぶこともあります。
見出しは、各ブロックが何を表しているのかを
一口で表現したものということもできます。

報告書・レポートを作成するとき、実際には記述内容と順序を考えながら最初に見出しを書き出します。そうすることで、これから書こうとする文書の全体像と流れを意識して、本文の記述を進めることができるようになります。

この見出しも抽象的なものではなく、内容がある程度類推できる具体的なものにします。そうすれば、見出しを読んだ後、自然な形で本文に読み進み理解を深めていけます。見出しが具体的であれば、見出しをサッと目でスキャンするだけで全体の大まかな流れが理解できるという効果もあります。

見出しの付け方は、次のようにします。

・かたまりの主題を表現する。
・かたまりの内容を要約する。
・かたまりの中の大事な言葉（キーワード）を抽出する。
・キーワードを使い、簡潔に記述する（20字を超えない）。
・見出しの行末の表現をそろえる。
・内容が複雑なときは、2階層の見出しにする。

■標題、見出しは具体的な表現にする

市場調査レポート
1. はじめに
2. 調査の目的
3. 調査方法
4. 調査結果
5. 今後の取り組み方向
6. まとめ

↓

エコ住宅開発のための市場調査レポート
1. はじめに
   1.1 調査の背景
   1.2 現状の概要
2. 調査の目的
   2.1 顧客の潜在ニーズの掘り起こし
   2.2 顧客層の拡大
3. 調査方法
   3.1 一戸建て住宅所有者が対象
   3.2 訪問面接調査によるデータ収集
4. 調査結果
   4.1 環境より光熱費削減に関心
   4.2 省エネルギー住宅のニーズ
5. 今後の取り組み方向
   5.1 安価な省エネルギーシステムの製品開発
   5.2 販売戦術の変更
6. 所感

・上の例の標題、見出しは抽象的で、内容を類推することができないので、具体的な見出しにしなければならない。
・下の例のように、2階層目の具体的な見出しを設けて全体の大きな流れが理解できるようにしてもよい。

このパートでわかること
➔ 具体的な見出しにするとストーリーが読み取れる

08

3つの大きな要素と6W3Hの基本要素がある

■わかりやすさを決める3つの大きな要素がある

報告書・レポートの**わかりやすさを決める大きな要素は、「構成」「文章」「表現」の3つです。**構成は、どんな項目を設けそれをどんな順序で並べるかを指した言葉です。文章は、簡潔でわかりやすいものでなければなりません。また、文書の書式、レイアウト、図表の活用など、表現の工夫も大事です。

■3つの大きな要素のバランスが大事

3つの大きな要素はいずれも重要であり、これらの要素がバランスよくまとめられている文書は、自然な感じで読み進めることができます。また、記述されている内容も理解しやすくなります。

■わかりやすさを決める3つの大きな要素

6W3H 以外の言い方

5W1H、5W2H、6W2H のような言い方をすることもありますが、いずれも主旨は同じです。6W4H ということもあり、この場合は「How long（期間）」が加わります。

■基本要素6W3Hを意識する

報告書・レポートを作成するときは、左ページに示す文書の基本要素6W3Hを頭に置いて必要な事柄を漏れなく洗い出すことが求められています。**6W3Hの何かが欠けていないかを意識しながら書くことが大事です。**

報告書・レポートには、常に6W3Hのすべてが含まれているということではありません。しかし、必要な6W3Hの中の何かが欠けてしまっては問題です。それは、報告すべき情報の一部が抜けてしまったことになるのです。抜け漏れを防止するために、6W3Hで確認しましょう。

■実際の文書の6W3Hは？

実際の報告書・レポートでは、6W3Hはあらゆる箇所に出てきます。あるときは6W3Hのそれぞれが複数出てきたり、またあるときは6W3Hの要素の何かが含まれていなかったりとさまざまです。6W3Hが現れる順序もさまざまです。

■6W3H とは？

6W3Hの内容

6W

When：いつ（調査・記録・開催・事故などの年月日、時間、時期）

Where：どこで（調査・開催・事故などの場所・地域）

What：何か、何が、何を（主題、主体、内容）

Who：誰が、誰から、誰を、誰と（人）

Why：なぜ（理由、原因、主旨、目的）

Whom：誰に（相手、対象者）

3H

How：どのように（状況、状態、方法、手段）

How much：いくら（経費、価格など）

How many：いくつ（数量）

このパートでわかること
➔ 6W3H を意識して記入漏れを防ぐ

09 構成のフレームワークを利用する

■構成のフレームワークを知る

報告書の構成には、いくつかのフレームワークがあります。フレームワークとは、パターン化された考え方の枠組みのことです。報告書の構成を考えるときも、**どのフレームワークを採用すればよいかを考えることで、簡単に最適な構成が得られます。**

報告書の構成のフレームワークは、大きく分けると次の4つになります。

①結論や結果を最初に述べてからなぜそうなったのか理由や根拠を述べる。
②条件や背景を説明してから結論や結果を述べる。
③概論、各論の順に述べる。
④結論や結果を含まないときは、理解しやすい順、伝えたい順に述べる。

レポートのフレームワーク
報告書のフレームワークの一部はレポートでも使われます。一方、レポートでは、報告書にはないフレームワークも使われます。
詳細は、54～55ページに示します。

①結論が先のフレームワーク

読み手が最初に結論や結果を知りたいと思っているとき、あるいは書き手がまず結論や結果を知らせたいと思うときは、この結論を先行させるフレームワークを使います。報告書や企画書では、最も多いフレームワークです。具体的な例を、48～49ページに示します。

②結論は最後のフレームワーク

結論に至る過程や理由を重視したいときは、このフレームワークを使います。

最初に結論を示してもよく理解できないときも、このフレームワークになります。いきなり結論を示すと反発を招く恐れがあるときも、このフレームワークを使うのが好ましいといえます。

特に、読み手がある結果を予想し、報告書の内容もそういう結果になることを望んでいるような場合があります。書き手がそのことを知っているときは、結論の位置に注意が必要です。結論の内容が読み手の意図するものとは反対のものであっても、読み手の意をくんで内容を歪曲《わいきょく》するわけにはいきません。

そんなときは、最初に読み手が納得するような調査方法や結論に至った状況を丁寧に記述します。そのうえで、結論や事実を淡々と記述するしかありません。

具体的な例を、50～51ページに示します。

③概論、各論のフレームワーク

明確な結論が含まれていない報告書はめずらしくありません。そんなときは、無理に結論を作る必要はありません。ただし、文章の量がわずかの場合を除いて、最初に全体を要約した概論を示したほうが、わかりやすくなります。読み手はまず概論を読み、その内容によって各論をじっくり読むべきかざっと読むだけでよいか判断できるようにもなります。

具体的な例を52～53ページに示します。

④理解しやすい順、伝えたい順のフレームワーク

事実を時系列に記述すれば報告書の目的を達成できるような場合もあります。そんなときも、無理に結論めいた項目は作らないで。理解しやすい順、伝えたい順、読みやすい順などで記述して問題ありません。

具体的な例を、56～57ページに示します。

■報告書の4種類のフレームワーク

① 結論が先の
フレームワーク

② 結論は最後の
フレームワーク

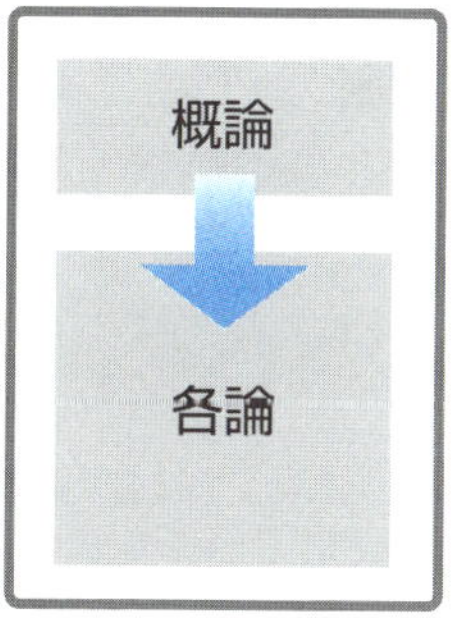

③ 概論、各論の
フレームワーク

④ 理解しやすい順、
伝えたい順の
フレームワーク

このパートでわかること
➔ 報告書は4つのフレームワークから最適なものを選択する

10 フレームワーク①
まず結論を示す／結論を最後に示す

■最も要求される構成は、最初に結論

報告書・レポートの構成では、最初に結論や結果を示すことが、最も多く見られます。一般に、報告書・レポートを受け取った読み手は、一刻も早く結論や結果を知りたいと思っています。この構成は、その要求に応えることができます。理由や背景は、その後で記述します。

■結論を最初に示す方法には2通りある

簡単な結論を最初に示したいときは、主文の中に含めて書くこともできます。結論の分量がある程度あるときは、「結論」「調査結果」のような項目を立てて別記の最初に記述します。

■結論を先に示した出張報告書の例

出張報告書	
To：営業 3 課長	出張先：中国地方（岡山市、広島市、山口市）
	提出日：2017 年 7 月 21 日　出張者：川合智香

新製品「オフィスチェア CKS-III シリーズ」および既存製品「オフィスチェア CKS-II シリーズ」の中国地方における販売状況調査のため出張しましたので、概要を報告します。

1. 出張日程

2017 年 7 月 19 日（水）～20 日（木）

2. 結論

中国地方における新製品「オフィスチェア CKS-III シリーズ」の販売状況は、販売代理店が積極的に取り組んでおり顧客の評価も高くおおむね良好である。効果的な販促ツールが用意できればさらなる伸びが見込める。一方、既存製品「オフィスチェア CKS-II シリーズ」の販売状況は減少傾向にある。

3. 活動経過

●7 月 19 日（水）

岡山市内の特約店 A 商店と代理店 B 商事を訪問し、新シリーズの販売状況を聞いた。A 商店の販売部長によると、新シリーズの宣伝が次第に浸透してきており、5 つの新機能とりわけ優れたロッキング機能の評価が高いとのこと。B 商事の店長も、顧客に新機能が評価されて旧シリーズと比べると約 4 割増の売れ行きとのこと。

ただし両氏とも、旧シリーズの販売は昨年同期比約 25%減となっており、今後さらに落ち込むとの予想であった。

●7 月 20 日（木）

午前は広島市の代理店 C 商店を訪問。同店は大手の顧客を抱えており、新シリーズの充実したラインナップが顧客に受けているとのことであり、今年度のオフィスチェア全体の販売額は昨年を 2 割程度上回ると予想している。

午後は山口市の特約店 D 販売を訪問。店長によれば、新シリーズの特長はまだ顧客に浸透しておらず、わずかな販売増にとどまっているとのこと。

4. 所感

- 新シリーズの特長（5 つの新機能）が顧客に浸透した地域では販売が伸びていることから、販売店に特長をよりわかりやすく訴えた販促ツールを提供できれば効果的と思える。
- 旧シリーズは割高感が出てきており、それが販売減になって表れているので、特に価格面を考慮した販売戦略の見直しが必要と考える。

以上

・「結論」という項目を設けて、結論を最初に示している。

主文
別記の上部に書かれた文章が主文です。

結論を最後に示すこともある

読み手になじみの薄いテーマや複雑な背景をもつテーマの場合は、結論や結果を最初に示しても、読み手がよく理解できないことがあります。また、結論を導き出した過程や理由を知らないままに読んだとき唐突な印象をもつこともあります。

そのような予想ができるときは、背景、理由、根拠、条件、検討内容などをまず説明してから結論や結果を示します。

読み手の意に沿わない結論を示すときも最後に示すのが効果的

報告書の内容が、読み手の意に沿わない結論を示していると判断できる場合もあります。

そんなとき、その結論に至った背景・理由をはっきり説明することで、「それならこの結論でもやむをえない」と思わせたいときにも、結論を最後に示す構成は効果的です。

■結論を最後に示した調査報告書の例

MK17-003
2017年6月20日

販促部長　山田健太様
（写）営業部長　石川一樹様

MK課　小島希未

新製品およびイメージキャラクターの
市場調査報告書

昨年10月に販売した新製品およびイメージキャラクターの市場調査を実施しましたので、下記のとおり報告します。

記

1. 調査目的
新製品「大豆スナック　からから」拡販のため、競合製品と比較した認知度の現状を調査し、今後の拡販戦略に活かす。

2. 調査方法
市場調査会社「フーズリサーチ社」に調査を依頼した。

3. 調査対象
メインターゲットの30代および40代の女性40名に対してグループインタビューを実施した。

4. 調査期間
2017年6月1日（木）～8日（木）

5. 調査項目
・当社の新製品「大豆スナック　からから」の認知度
・当社のイメージキャラクター「豆々坊」の認知度

6. 調査内容の分析結果
当社の新製品の認知度やイメージキャラクターの認知度は優位に立っている。

新製品の認知度		イメージキャラクターの認知度	
当社	28%	当社	32%
A社	24%	A社	28%
B社	19%	B社	19%
C社	16%	C社	15%

7. 今後の進め方（所感）
・イメージキャラクターの露出度をさらに高め、さらなる認知度向上を図る。
・「からから」の特長はターゲット層に受け入れられていると判断できるので、主材料に使っているおからがもつ健康イメージをさらに強化する。

8. 「フーズリサーチ社」の調査結果
添付の「調査報告書」を参照。

以上

・この報告書で大事な項目は、6項と7項であるが、それを最初に示しても十分な理解は得られない。
・このような内容の報告書は、最初に条件など前提になるものを示すのがよい。

11

フレームワーク②
概論から各論へ／伝えたい順に展開する

■**概論から各論への展開は文書をわかりやすくする**

概論から各論へ展開する構成は、ビジネス文書に広く適用できる方法です。

報告書には、明確な結論を含まないものや全体の文章量が多いものがあります。そんなときは、なるべくこの展開を採用するようにしましょう。各論の項目を羅列するよりも、最初に全体の概要を示したほうが理解しやすくなります。

文章量が多い場合は、最後にまとめを入れることもあります。

■**概論を先に示すのは出張報告書などに向く構成**

比較的文章量が多い出張報告書、研修報告書などで、特に大きな懸案事項を含んでいないときは、この構成が使えます。

■概論から各論へ展開する報告書の例

X 社の商品開発に関する調査報告書

X 社がどのようにして成熟した市場でヒット商品を生み続けているかについて調査しましたので、結果をご報告します。

記

1 調査結果の概要

X 社では、社員提案制度を核に開発した新商品を、コンセプトを守りながら進化させ、同時に業績不振商品は販売中止にしてその経営資源を市場創出と商品育成に再配分している。この一連のサイクルが成熟市場でヒット商品を生み出している。具体的な内容は、「新市場の創出」「市場投入後の商品の育成」「業績不振商品の販売中止」の3つに大きく分けることができる。

2 調査結果の詳細

調査結果の詳細は、次のとおりである。

(1) 新市場の創出

商品アイデアの社員提案制度が新市場を生み出す原動力になっており（省略）

(2) 市場投入後の商品の育成

（省略）

(3) 業績不振商品の販売中止

（以下、省略）

- この報告書は調査結果の量が多いので、概論を最初に示している。
- 文章量が多い報告書は概論がないと、全体の把握がしにくい。

レポートの構成には序論から本論の展開もある

レポートの構成には概論から各論へ展開するフレームワークがよく使われますが、序論から本論へというフレームワークも使われます。序論から本論の構成は概論から各論への展開に似ていますが、左ページに示したように、序論の内容は概要を示す概論と同じではありません。

レポートには、みずから課題を設定してその解を示すという内容もあります。その場合は最初に全体の概論を示すよりも、レポートの意義は何か、どんな課題や問題があると考えているのか、またその課題・問題を解決することにどんな意味があるのかなどについて述べたほうが自然な展開になります。

序論に続く本論では、課題や問題に対してどんな方法で解決したのか、また解決したときの効果はどうなのかといったことを記述します。

簡単なレポートの構成は、序論、本論だけですが、ある程度の分量がある場合は、最後に結論またはまとめの項目を加えて総括や今後の展望について記述します。

レポートの展開

序論 ―― 本論 ―― 結論（まとめ）

序論

＜はじめに＞
・テーマの設定・導入
・テーマの意義
・テーマの説明
・テーマの分野の説明

＜問題提起＞
・課題・問題の提起
・問題とその背景
・問題解決の意義
・最新動向の説明
・主張・提言
・意見の提示
・その他

本論

＜解決方法＞
・課題・問題の分析・分析手法
・課題・問題の解決方法とその利点
・他の課題・問題解決方法との比較
・課題・問題を解決したときの効果
・主張・提言の根拠
・対案
・解決方法実施上の課題
・事例説明
・評価基準・評価
・その他

結論（まとめ）

＜結論＞
・結論
・評価

＜おわりに＞
・今後の計画
・今後の展望
・他の課題への応用
・総括（まとめ）
・その他

・結論（まとめ）は省くこともある。
・「序論―本論―結論」を組み合わせることで、次のようなさまざまな展開が可能になる。

＜例＞

テーマの説明―課題の提起―課題の解決方法とその利点―今後の展望―総括
（序論：テーマの説明―課題の提起／本論：課題の解決方法とその利点／結論：今後の展望―総括）

テーマの導入―主張―主張の根拠―結論
（序論：テーマの導入―主張／本論：主張の根拠／結論：結論）

テーマの意義―問題の提起―問題の分析―問題の解決方法―問題解決の効果
（序論：テーマの意義―問題の提起／本論：問題の分析―問題の解決方法―問題解決の効果）

時系列
一昨日、昨日、本日のように、
時間の経過に沿うことを
時系列と呼びます。

■伝えたい順に並べることもある

報告書では、明確な結論を含んでおらず概論の記述も不要なことがあります。そんなときは、各項目を伝えたい順に並べると読みやすい報告書になります。読み手が理解しやすい順に並べるのも同じ考え方です。

並べ方には、時系列、重要な順、一般的なものから特殊なものへの順などがあります。

■伝えたい順に並べるのが向いている報告書がある

このような伝えたい順の構成は、メモ書きに近い報告書や時系列に沿って記述する報告書に向いています。たとえば、1週間の出張があり、何日にどこで何をしたのかを中心に報告すればよい出張報告書にはこの書き方が合います。

左ページの受講報告書の例は時系列とは無関係な内容ですが、自然な展開の仕方をしており内容が伝わりやすくまとめられています。読み手の理解しやすい順に配慮しているといえます。

■結論や概論を含まない報告書の例

2017年2月14日

梅原課長

藤田　翔

論理思考セミナー受講報告書

このたび、標記セミナーを受講しましたので、下記のとおり報告します。

記

1. 開催日時　2017年2月13日（月）10:00～17:00
2. 開催場所　新宿イベント会館小ホールB
3. 主 催 者　未来教育情報社
4. 講　　師　未来教育情報社講師　五十嵐有紀氏
5. 受 講 料　25,000円
6. 内　容

（1）講演（10:00～12:00）

①論理思考とは
・論理思考のフレームワーク
・コミュニケーションと論理

②論理思考の方法
・演繹法／帰納法
・背理法

③論理思考の技術
・MECE
・ロジックツリーの活用

（2）ビデオ「論理思考の空雨傘」鑑賞（13:00～14:00）

（3）グループによるケーススタディ（14:00～16:00）
「日常業務のピラミッド構造化」という問題を取り上げた。

（4）グループ発表と講評（16:00～17:00）
課題をまとめて発表し、グループごとに講師の講評を受けた。

7. 感想

講演やビデオ鑑賞、グループディスカッションを通して、「論理思考を活用する」ための基礎知識は身に付けることができた。グループによるケーススタディの取り組みは、グループによって問題の掘り下げ方が大きく異なるのが興味深かった。

セミナーによって身に付けた論理思考の手法を、これからは「業務の効率化」「職場の活性化」など身近にある問題に応用していきたい。

8. 添付資料

セミナーテキスト　1通

以上

・この報告書には結論や概論は含まれていないので、内容が理解しやすい順で項目を並べている。

このパートでわかること

➔ 項目を伝えたい順で並べればよい文書もある

12 どんな項目を立てるか？

項目はフレームワークと報告書の種類によってさまざま

47ページに示した4種類の構成のフレームワーク（結論が先、結論は最後、概論、各論、理解しやすい順）と報告書の種類によって、どんな項目を立てるかはさまざまです。

記載項目はある程度決まっている

59〜61ページに、4種類の構成のフレームワークと報告書の種類で分類した報告書の項目例を示します。実際に報告書を作成するときは、この表を参考に必要な項目を抽出していけば報告書の項目を立てることができます。レポートの場合、調査報告書の項目が参考になるものもあります。

■調査報告書、活動報告書の記載項目

	調査報告書	活動報告書
(1)結論が先	テーマ 調査時期・期間 調査対象、調査先 調査主旨・目的 調査方法、情報源 調査項目 調査担当（部署名、調査会社名） 調査結果（製品動向、調査先の状況、会社への影響、内容の分析、問題点解決のヒントなど） 判断結果、判断理由 総合評価（プラス要素／マイナス要素、メリット／デメリットなど） 調査結果からの提案 反省点 総括、考察、所感 調査経費 添付資料（集計結果、アンケート結果、調査の詳細など）	テーマ 活動時期 場所 目的 活動の背景 参加者 活動項目・内容 活動の結果・過程 実績・成果 反省点 問題点 所感 今後の課題・展望 活動経費 今後の活動予定 添付資料
(2)結論は最後	内容によっては、背景や経過の説明の後に結論を示す。	内容によっては、背景や経過の説明の後に結論を示す。
(3)概論、各論	調査結果の分量が多い場合は、最初に概論を示す。	活動内容の分量が多い場合は、最初に概論を示す。
(4)理解しやすい順		

・上の表から必要な項目を抽出して、報告書を作成する。
・上の表に不足項目があれば追加する。

■出張報告書、研修報告書の記載項目

	出張報告書	研修報告書
(1)結論が先	交渉経過・結果、成果などを、(4)の中の必要項目を加えながら、できるだけ最初のほうで記述する。	結論を含む場合は最初に記述する。
(2)結論は最後	(4)の中の必要項目を加えながら、背景、経過などを記述した後に、結果を記述する。	結論を含む場合は最後に記述する。
(3)概論、各論	海外出張などで報告事項が多い場合は、最初に概要を記述する。	報告事項が多い場合は、最初に概要を記述する。
(4)理解しやすい順	出張先、面談者 日時、出張期間 出張者、同行者 目的 経過 処理事項 活動内容 提案事項 合意事項 懸案事項 課題 成果 特記事項 所感 経費 備考 添付資料	テーマ 実施日時 主催者 場所、会場 講師 受講料 対象者 参加企業 参加人数 研修の目的 研修プログラム・内容 研修後の課題 感想 添付資料

・上の表から必要な項目を抽出して、報告書を作成する。
・上の表に不足項目があれば追加する。

■議事録、クレーム・事故報告書の記載項目

	議事録	クレーム・事故報告書
(1)結論が先	会議名・議題 開催日時・場所 司会者 記録者、内容確認者、承認者 出席者、欠席者、遅刻者 会議の目的 議事内容 　経過報告 　発表事項 　決定事項 　合意事項 　未決事項 　保留事項 　検討事項 　提案事項 　決定・否決の理由 　賛成・反対意見 　次回検討事項 特記事項 次回開催予定 配布資料	件名 発生日時、期間、対応日時 場所 当事者 対象製品 クレーム・事故の内容・状況 対応・経過 クレームの対応者 相手方の連絡先、先方の反応 クレーム・事故の原因 処置、対策 クレーム・損害・損傷の状況 現場の対応 解説の図 影響 緊急度 事故対策（暫定、恒久） 今後の対策、再発防止策 問題点、反省点 所見 添付資料
(2)結論は最後		
(3)概論、各論	分量が多い場合は、最初に概要を記述することがある。	分量が多い場合は、最初に概要を記述することがある。
(4)理解しやすい順		

・上の表から必要な項目を抽出して、議事録、報告書を作成する。
・上の表に不足項目があれば追加する。

このパートでわかること
➔ 報告書の種類によって記載項目はある程度決まっている

13 見出しの設け方や内容の漏れ・ダブリに注意する

■下位の見出しを設けて2階層にする

上位の見出しが大きなくくりになっているときは、上位の見出しに続く本文を分割し、分割した本文にそれぞれ見出しを設けます。それらの見出しは2階層目の位置づけになります。そうすることで、細かく分割された本文に見出しが付くのでわかりやすくなります。

■上位の見出しを設けて2階層にする

見出しの項目が多数あるときは、それらの項目をいくつかくくることによって、その上位の見出しを設けて2階層にできないか考えます。そうしたほうが、文書の構造がわかりやすくなり報告書・レポートの内容が捉えやすくなります。

■2つの項目を1つの項目にまとめた例

4. 調査結果の要約
5. 調査で得られた意見

↓

4. 調査結果の分析
（1）要約
（2）商品に対する意見

・共通要素を含んだ2つの項目を1つにまとめて上位階層の見出しを設け、2つの項目は階層を1階層下げた例。

■多数の項目を1つの項目にまとめた例

1. 調査目的
2. 調査期間
3. 調査対象
4. 調査項目
5. 調査方法
6. 調査結果の要約

↓

1. 調査の概要
   調査目的
   調査期間
   調査対象
   調査項目
   調査方法
2. 調査結果の要約

・共通要素を含んだ5つの細かい項目を1つにまとめて上位階層の見出しを設け、2階層とした例。
・このほうが、整理されまとまった印象を与える。
・分量が多い報告書・レポートでは、3階層の見出しを設けることもある。
・各階層の見出しは、階層ごとにレベル（内容の重み）をある程度そろえるようにする。

MECE のもとになっている英文

MECE とはモレなくダブりがなく、という意味の英語（Mutually Exclusive and Collectively Exhaustive）の頭文字をとったものです。

■MECEな展開を心がける

MECE《ミッシー》とはモレなくダブりなくという意味です。MECEは、米国のコンサルティング会社マッキンゼーで考えられた問題解決のためのフレームワークの一つです。情報を整理する際に使われる考え方ですが、報告書・レポートの執筆にも応用することができます。

報告書・レポートで設ける項目やその内容の記述は、必要なものが漏れていたり記述にダブりがあったりするのは避けなければなりません。項目を立て執筆する段階でMECEを心がけることで、漏れやダブリのないすっきりした文書作成に結び付けることができます。

■分析や整理もMECEに行う

報告書・レポートを書くときだけMECEに気を付けるということではなく、分析や分類、整理の段階でもMECEであることを心がけます。特に、大量のデータを使ってまとめるときは必要です。

■ MECEな内容にする

新商品企画会議議事録

1. 日　時　2017年6月21日（水）10:00〜11:00
2. 出席者　第1営業部4名、企画部2名
3. 議　題　新商品ボディソープの企画
4. 決定事項
さまざまな意見やアイデアが出されたが結局結論が出ず、次回に再検討することになった。次回会議までに、意見・アイデアの具体的な中身を調査して各自持ち寄る。
5. 持ち寄る意見・アイデア
討議結果の方針に沿った内容で、意見・アイデアを具体化したものを各自持ち寄る。
（以下、省略）

新商品企画会議議事録

1. 日　時　2017年6月21日（水）10:00〜11:00
2. 場　所　第3会議室
3. 出席者（敬称略）　第1営業部　守田、三代川、遠藤、多田
企画部　渡辺、須賀
4. 議　題　新商品ボディソープの企画
5. 決定事項
さまざまな意見やアイデアが出されたが結局結論が出ず、次回に再検討することになり、次回会議までに下記意見・アイデアの具体的な中身を調査して各自持ち寄る。
6. 持ち寄る意見・アイデア
(1) 今年のトレンド色をフィーチャーしたパッケージで展開する。
(2) 日本回帰の路線を踏襲したものにする。
(3) 他社との差別化を狙い、ティーンをターゲットにする。
（以下、省略）

・上の議事録の色を付けて示した箇所がダブっている。
・上の議事録には、内容の漏れがある。
・下の議事録の色が付いている部分が、MECEの視点で修正を加えた箇所である。

14

1枚にまとめてワンベスト

■1枚にまとめるワンベストとは？

ワンベストとは、報告書・レポートを、工夫をして**A4判1枚でまとめようという運動**です。1枚というと表裏で2ページ使えると思われるかもしれませんが、一般には、ワンベストはA4判1ページでまとめることをいいます。

■ワンベストの効果

報告書・レポートが簡潔に1枚にまとめられていれば、一覧することができ読むのも短時間ですむので、**業務の効率化を推進できる**という効果があります。

また、**ポイントが絞られる**ので、わかりやすくなる効果もあります。

1枚にまとめる運動

文書を1枚にまとめようという運動は
多くの会社で行われています。
幅をもたせて、「ワンベスト、
ツーベター、スリーマックス」のような
スローガンを掲げている会社もあります。

■工夫すればワンベストは可能

ワンベストの文書を作るためには、工夫が必要です。文はできるだけ簡潔にして短文にします。

69ページの例は提案書ですが、1ページにまとめています。この提案書の3項、5~7項には「別紙○に示します」という記述があります。もし、この別紙の内容を本文の中に記述しようとしたらとても1ページには収まらなくなります。このような工夫も必要になります。

なお、別紙で示す方法は、必要に応じて参照することから、ページ数は増えても許容するという考え方になります。

■図表を効果的に使う

文書の一部を表やグラフ、図解で表現できるときは、それらをうまく使って情報を整理することでわかりやすい文書にできます。表やグラフが参考の扱いでもよいときは、添付資料として本文から切り離すこともできます。

書体のMS明朝とMSP明朝

MSPの「P」はプロポーショナルの略で、MSP明朝にすると文字間の空白は最小になるため文字数が増えます。ただし、可読性はMS明朝よりも劣るので文章量が多いときは注意が必要です。

■フォーマットを工夫する

ワンベストを推進するときは、**フォーマットの工夫が必要になる場合もあります。** 以下に、Wordの場合のいくつかの例を示します。

各ページの上下左右の「余白」を小さくして版面率（判型の面積に対する文章や図表が入るエリアの面積の割合）を高めます。ただし、版面率が大きすぎると窮屈な印象を与えるので、判型がA4の場合の余白は25ミリ程度にとどめます。そうすると、版面率は63パーセントと標準的な値になります。

文章量が多いときは文字サイズを、既定値の10・5ポイントよりも落として10ポイントにしてもよいでしょう。

本文の行間（コラム4参照）も、既定値の18ポイントより小さな値にできます。文字サイズを落とした場合はなおさらです。図表を挿入する場合は、図表内の文字サイズは9ポイント程度まで落とすこともできます。そうすることで、スペースを有効に使うことができます。

文書は通常1段組みですが、場合によっては2段組みも採用できます。ただし、2段組みは窮屈な印象になるので安易な採用はひかえなければなりません。

■1ページに収める工夫をする

2017年6月14日

トータル販売株式会社

プロダクトマーケティング部御中

CKソリューションズ株式会社

メールマーケティングシステム「e-NetMK1205」のご提案

e-NetMK 1205は、データベースと連携したメールマーケティングを「低コスト」で「簡単」に行うシステムです。このシステムを導入することによって、顧客の効果的な囲い込みを可能にする方法について、下記のようにご提案いたします。

記

1. 本提案の背景

あらゆる業種であらゆる規模の企業が、顧客へのコミュニケーションツールとして電子メールを使い、情報告知やマーケティングを行っています。これらを、さらにコミュニケーションの密度を高め、スピードを加速化させて行いたいというニーズが大きな広がりをみせています。

2. 提案の主旨

上記背景の下に、データベースを中核に据えて効率と効果を追求して完成したのが、「e-NetMK1205システム」です。適用範囲は、一般の企業から団体まで広範囲に及びますが、とりわけ流通小売店に効果的な導入が可能で、多数の導入事例があります。

3. e-NetMK1205 システムの特徴

e-NetMK1205システムの主な特徴は、次のとおりです。詳細は、別紙1に示します。

・すぐにご利用いただけます。
・高度なマーケティング機能を標準で装備し、個別対応が可能です。
・操作が簡単で専門的な知識も不要です。
・圧倒的な配信性能を有しています。
・ソーシャルメディアに対応しています。
・幅広いカスタマイズや自由なデータベース設計が低価格で可能です。
・低コストで運用できます。

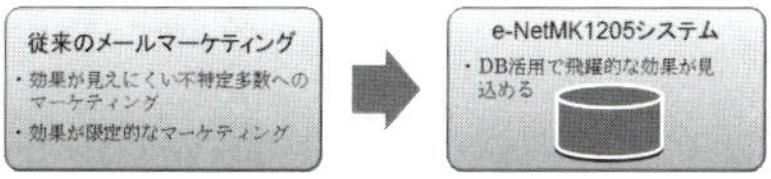

4. コスト、レスポンス率比較

従来のやり方と本システムのコストおよびレスポンス率の比較は、下表のとおりです。

	コスト	レスポンス率
本システム	5～20円/人	20～30%
従来方法	50～100円/人	2～3%

5. 詳細仕様

e-NetMK1205 システムの機能は、「メール配信機能」「マーケティング機能」「顧客管理機能」「その他の機能」に分けられます。詳細は、別紙2に示します。

6. 提供サービスの概要

標準タイプ、拡張タイプ、オプションサポートのそれぞれの詳細を、別紙3に示します。

7. 導入事例

流通小売店を中心として導入事例を、別紙4に示します。

以上

・行送り（コラム4参照）を18ポイントから15ポイントに変更。
・書体をMS明朝からMSP明朝に変更。
・余白を、上：35→14、下：30→14、左右：30→25に変更。
・既定値のままの場合、表とその後の8行が2ページ目にあふれるが、上記の変更で1ページに収まる。

15 客観的事実と私見を分ける

■事実と私見を混在させるとどんな問題が起こるか

報告書・レポートは、客観的な事実をもとに記述するのが基本ですが、報告者の私見を含めることも大事です。ただし、**読み手が私見であることを認識しながら読めるようにします。**

■項目を設けて私見を区別する

文末が「〜と思われる」「〜と考える」となっていれば、私見を示したことになりますが、事実の中に私見が混在していると読み手が私見を事実と勘違いする恐れがあります。

そうなるのを防ぐために、**「所感」「所見」「所論」「考察」のように明らかに**

私見

私見は個人的な見解であり、
意見や判断と言い換えることもできます。

私見を述べていることがわかる項目を設けて、私見はそこにまとめて記述します。

73ページの文書はセミナー受講報告書ですが、上の例は「内容」の中に私見（受講の感想）が含まれています。下の例は、「所感」の項目を設けて私見はその中で記述しているので、私見であることが明確に伝わります。

■私見の記述で大事なこと

私見の記述は、次のように行います。

・ダラダラ書かないで、簡潔に記述する。
・文書の目的に合った内容にする。
・書き手の備忘録のような書き方ではなく、読み手のことを考えて読み手にとって役に立つと思われることを記述する。
・読み手への配慮を欠いた自分勝手な意見は書かない。
・偏った主観にならないように注意する。

ちょっとした違いの私見と事実

「昨日、宅配便が届いたようだ」は
私見（推測）になりますが、
「昨日、宅配便が届いた」と表現すれば、
事実を伝えたことになります。

私見は事実の中に混入しやすいので注意する

一読しただけでは事実のように思える文章の中にも、**私見は混入しやすいので注意しなければなりません。**

たとえば、「A地区の売り上げはB地区の半分にすぎない」という文には私見が混入しています。事実と私見に分けると「事実…A地区の売り上げはB地区の半分である」「私見…A地区の売り上げはB地区と比較すると少ない」となります。

好ましい表現は「A地区の売り上げはB地区の半分である」です。この表現であれば、事実だけを示したことになります。

もう一つ例を示します。「代理店A社の社長Bさんは、『今年度の売り上げは大幅にアップしそうだ』と言った」というのは、私見でしょうか。この場合は事実になります。代理店A社の社長Bさんが、「今年度の売り上げは大幅にアップしそうだ」と言ったのは事実だからです。

このように、事実と私見は混在しやすく微妙な表現も多いので、十分な注意が必要です。

事実と私見を分ける

ブランドマネジメントセミナー受講報告書

このたび、標記セミナーを受講しましたので報告します。

記

1. 日　時　2017年3月15日（水）13:00〜17:00
2. 場　所　新宿イベント会館小ホールA
3. テーマ　効果的なブランドマネジメント
4. 講　師　公益社団法人日本ブランドマネジメント協会主任　川上直人氏
5. 内　容　・今日のブランドマネジメントの潮流
　　　　　・効果的なブランドマネジメント戦略
　　　　　これらの内容を当社の現状に当てはめることで、これからのブランドマネジメントのあるべき姿が認識できた。今後は、関連部署との横のつながりを深め、ソーシャルメディアとの連携も図ったブランドマネジメント戦略の構築に向けて、関係者全員が同じ方向を確認して推進していくことが急務であると思われる。

↓

ブランドマネジメントセミナー受講報告書

このたび、標記セミナーを受講しましたので報告します。

記

1. 日　時　2017年3月15日（水）13:00〜17:00
2. 場　所　新宿イベント会館小ホールA
3. テーマ　効果的なブランドマネジメント
4. 講　師　公益社団法人日本ブランドマネジメント協会主任　川上直人氏
5. 内　容　・今日のブランドマネジメントの潮流
　　　　　・効果的なブランドマネジメント戦略
6. 所　感　内容を当社の現状に当てはめることで、これからのブランドマネジメントのあるべき姿が認識できた。今後は、関連部署との横のつながりを深め、ソーシャルメディアとの連携も図ったブランドマネジメント戦略の構築に向けて、関係者全員が同じ方向を確認して推進していくことが急務であると思われる。

- 上の文書は、「内容」の項目に私見が含まれている。
- 下の文書は、内容の中から私見を切り分けて「所感」の項目を設けて記述している。

このパートでわかること

➔ 事実と私見は項目を分けて記述する

16 情報を効率よく伝える

■長いときは要約して示す

長文の報告書・レポートは、最初に要約を示すと効果的です。要約がない場合、最後まで読み進まないと何が書いてあるのかわからないということになります。これでは、忙しい人に読んでもらうことは期待できません。ビジネスの場で使う文書としては、配慮に欠けているといえます。

要約は、文書の中の主要な箇所を中心に必要な部分を残し不必要な部分を削除しながら簡潔にまとめます。キーワードの中で、全体を理解するうえで大事なものは残します。箇条書きを使って要約を示すこともあります。

要約の項目は「概要」「要点」「要約」のような見出しにして、要約を示していることが伝わるようにします。

53ページに示した報告書の例では、キーワードを含んだ要約を「調査結果の概要」で最初に示しています。概要に続く「調査結果の詳細」では、「新市場の創出」「市場投入後の商品の育成」「業績不振商品の販売中止」などの要約文のキーワードが見出しに使われているため、読み手は自然な感じで読み進むことができます。

このように、**要約文に続く詳細内容は、要約文の中のキーワードを中心にして記述します。**要約文で示したキーワードを別の語句に置き換えたりすると混乱します。

■添付資料で補う

報告書・レポートは、簡潔であることが望まれます。しかし、参考として示したい情報や根拠をはっきりさせたいために示すデータが大量にある場合があります。そんなときは、**「添付資料」や「別紙」として付け加えることで文書の簡潔さと充実した資料の両方を満足させることができます。**

読み手は簡潔にまとめられた報告書・レポートを読み、詳細を知りたいとき

用語解説に使う記号は「*」

専門用語を注記で説明するときは、
専門用語とその解説文の両方に「*」を付けて関連付けます。
専門用語が複数あるときは「*1」「*2」のように
数字を付加して区別できるようにします。

だけ添付資料を参照すればよいので、特に量が多くわずらわしいと思われることもありません。

■注記で専門用語を解説する

報告書・レポートに、読み手になじみが薄い専門用語を使いたいときがあります。報告書・レポートの調査対象とした業界では広く使われていても、専門外の人にとってはよくわからない用語などがそうです。

そんなとき、専門用語を使わないで説明するという考え方もありますが、一般には専門用語を使ったほうがより適切な報告書・レポートの内容にできることが多いのが実情です。

専門用語を使った場合、本文中で説明までするとうるさい感じや冗長な感じを与えるので、注記を使って説明するのが適しています。注記は、欄外に記述したり最後にまとめて記述したりします。専門用語が多いときは、別紙で用語集を付けてもよいでしょう。専門用語の解説が少ない文字数でできる場合は、本文中に記述することもあります。

■詳細資料を添付する

8.「フーズリサーチ社」の調査結果
添付の「調査報告書」に示す。

8. 添付資料
セミナーテキスト　1部

・詳細報告やセミナーテキストのようなものは、必要に応じて参照する添付資料とする。

■注記で用語を解説する

6. 持ち寄る意見・アイデア
(1) 今年のトレンド色*をフィーチャーしたパッケージで展開する。
(2) 日本回帰の路線を踏襲したものにする。

*昨年のトレンド色は「赤」「オレンジ」「青」といった情熱系であったが、今年のトレンド色は「白」「ピンク」「パステルカラー」といった淡い色である。

・解説が必要な用語や専門用語は注記で解説するとよい。

■ URL で詳細情報を示す

4. 講演テーマ：不正行為事例に学ぶコンプライアンス
　コンプライアンス経営の推進と徹底を図るために、グループ内外で発生した「コンプライアンス不正行為事例」から教訓を学びます。

　主な事例を事前公開します。下記 URL をご覧ください。

http://xyzweb.jp.abcxyz.net/Web005/kigyorinri/

・ネットで配信する文書であれば、詳細情報は URL を指定して参照させるとよい。

このパートでわかること
➔ 詳細情報、参考資料、専門用語などは、本文と分けたほうがよい

コラム2

書きたいことをどうやってまとめていくか？

報告書・レポートをどうやってまとめてよいかわからないとき、どのように進めたらよいか考えてみましょう。

まず、書けない理由として、「考えがまとまらない」「何を書いたらよいかわからない」などが挙げられます。

文書は、最初から順を追って書かなければならないということはありません。文書を作るときは最初に構成を考えます。47ページに示した4種類のフレームワークの中からどれを使うか決めます。

次に、59〜61ページに示した項目を眺めて、必要と思われるものを抽出するのが手っ取り早い方法です。

この項目の抽出は完璧でなくてもかまいません。とりあえずあったほうがよいと思えるものを選んでおいて、後で不都合があれば変更します。

項目を選ぶことができたということは、実はかなりのところまで踏み込んだことになります。半分は、書けたようなものです。

後は、書けるところからどんどん書いていきます。文章として書きにくいことがあれば、思いついたキーワードだけ記入しておきます。キーワードや書き終えた文章を眺めると、空白の箇所の書き方も見えるようになってきます。

文章を書くときは、名文を書こうとする必要はありません。「情報や考えを文章で伝える」ために文章を書くのですから、一文が長くならないように注意しながら簡潔に書くことを心がけます。書き終わったら、項目名（見出し）と本文の内容が合っているか、1つの文から次の文に自然につながっていくかを確認し、問題を感じたら修正して仕上げていきます。

第3章

議事録をまとめる

17 議事録とは何か？

■議事録の役割

議事録は、会議の内容を記録して、**議事内容（議論の経過、決定事項、保留事項など）を出席者や関係者に周知徹底させる文書**です。会議が終わった後、どんな会議であっても議事録が発行されるのが普通です。

議事録によって会議の内容を明確に示すことができ、議事録に沿った行動ができるようになります。実行することが決まった項目に対しては、誰が何をいつまでにしなければならないかを明確に確認できます。

また、会議の内容が記録として残るため、後で関係者の曖昧な記憶で混乱を引き起こすこともなくなります。

議事録と会議報告書

株主総会や取締役会の内容を詳細に記録したものを議事録、業務の中で行う一般的な打ち合わせの要点をまとめたものを会議報告書と呼んで区別することもあります。
本書では後者を扱っていますが、
これを議事録と呼んでいます。

会議の開催には、テーマ、目的、ゴールの明確化が必要

会議の開催に先立って、会議のテーマ、目的、ゴールを明確にします。

テーマとは、会議で議論する話題は何かということです。たとえば、「顧客のクレーム対応」「新製品の販路開拓」「経費節減」といったものがテーマです。

目的は、テーマに対して何をしたいのかを明らかにしたものです。たとえば、「顧客のクレーム対応」のテーマに対して「顧客のクレームの低減を図る」が目的になります。

ゴールは、その会議でどこまで決めるかということです。具体的なゴール、定量的なゴールを設定します。たとえば、「次回内覧会の課題リストの完成」「改善案を5つ以上決定」などがゴールになります。ゴールは何かを決定するだけではなく、「新商品の拡販方針に対する問題点の抽出」のようにある特定のテーマに対する課題抽出、アイデア出し、出席者の合意を得ながらの情報の共有、利害関係の調整などもあります。

議事録を書くときは、これらの理解が不可欠です。

議事録の必須記載項目

議事録の記載項目には、どんな議事録にも必要なものとそうでないものとがあります。

必ず記載する議事録の基本項目は、次のとおりです。

・会議名
・議題
・日時・場所
・出席者名
・議事録作成者名
・議事内容
・決定事項、未決事項

必要に応じて記載する項目

ほかにも議事録に必要な項目があれば、追加します。

議事録の必須記載項目

項目	説明
・会議名	会議で討議する課題。
・議題	
・日時・場所	
・出席者名	出席者が複数部署にわたるときは部署名も記入。「出席者（敬称略）」とすれば名前だけの記入でよく、「様」を付なくてすむ。その場合も、「斉藤課長」のように役職名は付けるというやり方もある。ただし社外からの出席者に対しては、社名·部署名·役職名と名前を「○○株式会社 営業部業務課長　山田様」のような書き方にする。
・議事録作成者名	
・議事内容	会議にかけて討議した内容。
・決定事項 、未決事項	いつ、誰が、何をやるのかを明確に記述する。

議事録の必要に応じて記載する項目

項目	説明
・出席者に関連する項目	司会者または議長、会議の招集者、欠席者、途中出席者·退席者。
・内容に関する項目	経過報告、発表事項、発議、検討事項、提案事項、主な意見·発言者、会議の目的、決定の理由、否決の理由。
・発言に関する項目	重要事項の発言者、質疑応答、賛成·反対意見。
・会議後に関わる項目	今後のアクションプランとその担当者·日程、今後に残された課題とその理由。
・会議の過程に関する項目	討議の経過·問題点。
・その他	懸案事項、特記事項、次回の予定、次回までの検討事項·用意すべき事項、持ち越し事項·理由、配布資料、配布資料の説明者、内容確認者、議事録の承認者、議事録配布の宛先、備考。

このパートでわかること

➔ 議事録には必須記載項目と必要に応じて記載する項目がある

18 議事録をどのように書くか？

議事録作成のポイント

会議が所期の目的を達成できるようにするためには、議論が活発に行われ有効な結論が得られるようにすると同時に、その内容を議事録できちんと伝えなければなりません。そのために必要な議事録作成のポイントを次に示します。

・結論だけがわかればよいのか主要な討議内容も必要なのか、決定の理由も必要なのかなど、会議の目的や議事録の使われ方を考え、議事録に求められる「要件」を理解しながら書く。
・全体の流れの中で発言内容を捉え、内容を整理しながら書く。
・中立の立場で公正に書く。
・記録者の意見が混入しないようにしながら正確に記録する。

・発言のすべてを記録するのではなく、討議事項の要点だけを簡潔に記録する。
・決定事項（結論）、未決事項を中心に、討議内容のポイントが理解しやすいように書く。
・欠席者や関係する人にも配布する場合は、出席者以外にも理解できる書き方をする。
・会議では、枝分かれして議題とは関係ない話になることもあるが、本流（会議の主旨・目的）から外れた内容であれば無視してよい。
・突然、前の議題に戻るなど発言が前後することもあるが、前後した場合は、それらをまとめる形で議事録に記載する。
・「結論としては～」というような言い方をしていなくても、内容が結論を示している場合は、議事録の中では決定事項として扱う。
・「そうしようか」「～としようか」のような発言があり、それに対する反論がない場合は決定事項になることがある。
・出席者の中のキーパーソン（会議や議題に関連する業務に影響力の大きい

承認者のチェック

議事録に承認者の欄がある場合は、
議事録作成後に承認者のチェックが
必要になります。

人）の発言は注意して聞き、大事な発言に対して議事録に漏れが生じたり間違った内容を記載したりしないように注意する。

・箇条書きを活用する。

・議事録のフォーマットが決められている場合は、そのフォーマットを使用する。

・議事録は、遅くても翌日には配布する。

また、次は、議事録作成時に必要に応じて行います。

・決定までのプロセス（討議の経過、出た意見、賛成・反対意見、反対意見を否決した理由など）を書く。

・少数意見を書く（ただし、議題から外れたものは除く）。

・発言者を明記する。

・分量が多い場合、最初に概要を書く。

・配布する前に、しかるべき人（会議の議長、上司、出席者など）に見せる。

ICレコーダーによる録音

会議の内容は、ICレコーダーで録音します。
ただし、ICレコーダーは念のために使うのであって、
聞き直しながら議事録をまとめるためではありません。
どうしても思い出せない箇所が出てきたときに、
初めてICレコーダーで確認します。

■会議メモのとり方

議事録は、会議中のメモをもとにして書きます。メモは、会議のテーマ・目的・ゴールをよく認識したうえでとることが大事です。

これらを理解していない場合や不明瞭な場合は、会議の主催者に事前に確認しておきます。そうすることで、議事録に記載すべきものと省くことができるものを区別しながらメモ書きすることができます。

決定事項・合意事項や誰が何をいつまでに行うというアクションプランに関わるものは大事です。関連する項目に漏れや間違いがないように注意します。

資料を配布し、それをもとに説明が行われることもよくあります。そのときは、配布された資料のうえに気になった点をメモ書きしておきます。可能であれば、事前に資料を入手して目を通しておけばより的確なメモ書きができるようになります。

メモ書きは自分自身のものであり、誰かに見せることはないので、誤字脱字があっても気にする必要はありません。漢字を忘れたり書くのに時間がかかりそうなときはかな書きにします。

記号や略語を使うのも有効です。たとえば、「田中さん」の発言を「タ」と短縮して記述したり、「その結果」の代わりに「↓」を使ったりします。「◎」「○」「△」「×」「※」などの記号の自己流の使い方を決めておいて、それらの記号を活用するのも効果的です。

会議中にホワイトボードを使うこともよくあります。その場合は、その内容を書き写したりカメラで撮影したりしておきます。

会議終了直前に、出席者に決定事項・合意事項の確認をします。曖昧な点があったときも同じです。未決事項も、誰がいつまでに何をやるかについて確認します。

会議中に発言内容がよく聞き取れなかったときも、その場で確認します。

■会議メモをもとに議事録をまとめる

会議が終わったら、メモ書きをもとに議事録にまとめます。メモ書きには、単語や簡単な文、記号などが乱雑に並んでいますが、このメモ書きをもとに会議の内容が記憶に残っている間に語句と語句の間を埋めていきます。

■会議メモをもとに議事録をまとめる

〈メモ書き〉

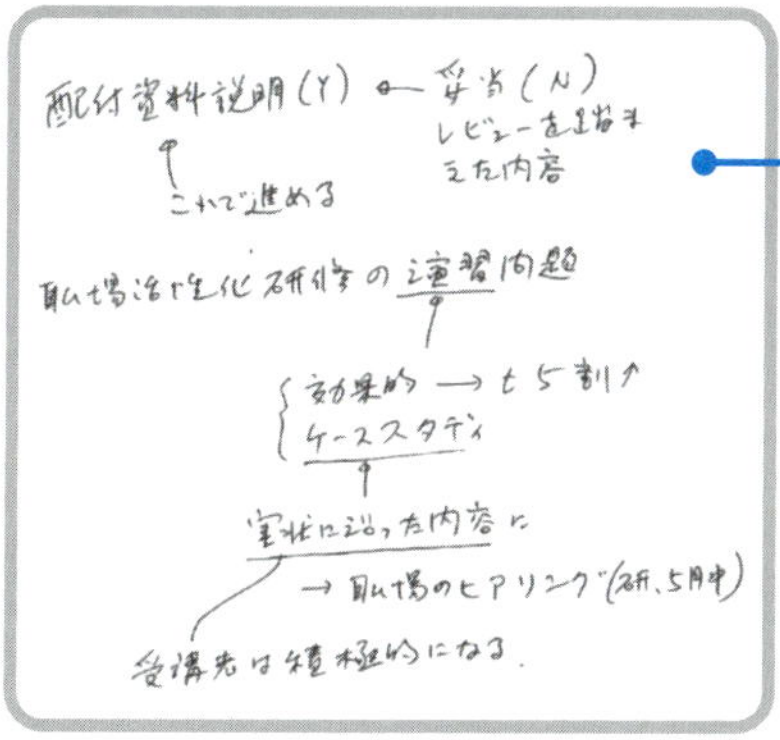

メモ書きには、シャープペンを使う。シャープペンは複数用意し、芯がなくなったときなどに備える。PCはよほど慣れている人以外は避けたほうがよい。入力に手間どっている間に議論がどんどん進んでいくということがありがちだ。

〈議事録〉

［配布資料］
・配布資料「2017年度社内研修の概要」に基づく説明（山田研修課長）
・中村部長から「2016年度研修のレビュー結果を踏まえた妥当な内容である」とのコメントがあり、出席者によって内容が了承された。
［決定事項］
・研修課からの提案どおりに 2017 年度社内研修を進める。
・職場活性化研修で行う演習問題を実情に沿った内容にするために、事前に各職場の状況を把握するためのヒアリングを実施する。
・演習問題を従来の5割増とする。
［討議内容］
・演習は効果的なので、2017年度は演習時間を大幅に増加するのがよい。
・ケーススタディの内容は、実際の業務内容に沿ったもののほうが受講者は積極的に取り組む傾向がみられる。

配布資料があり、それに基づく説明があった場合は、どんな配布資料があり誰が説明したのかも議事録に記述する。資料に対する説明の中に、議題に深く関わるものが含まれていたときはそのことも議事録に記載する。

会議の流れの中では主語や指示語（それ、あれなど）が理解できても、要点だけを記した議事録では読み手が戸惑うかもしれないと判断したときは主語を補ったり隠れている言葉を補ったりする。

19 簡潔な議事録、会議の関連文書を作る

■議事録

議事録のフォーマットはさまざまです。会社であるいは所属する部署でフォーマットが決められているときは、それに従います。特に決まったフォーマットがない場合は、会議を開催した目的が達成できるような項目を選び、読みやすいフォーマットで会議の内容を整理して記述します。

議事録を紙であるいは電子メールに添付して提出する場合は、左ページの例のように表形式でまとめると見やすくなります。この議事録では、2つの議題が取り上げられています。また、担当と期限の欄を設け、誰が担当で期限はいつなのかを明示しています。司会、会議の目的、次回日時・場所などの欄は不要であれば省きます。

■議事録の例

会議名	社外講師による来年度社内研修の取り組み内容		
日時	2017年1月30日 10:00～11:00	場所	本館第5会議室
出席者	人財育成研修社：営業部長吉田様、高橋様 X社：青木人事部長、山本マネジャー、渡辺	欠席者	
司会	山本マネジャー		
議事録作成日	1月30日　作成者　渡辺	承認者	山本マネジャー
議題	1. プロジェクトマネジメント研修 Step 2 の内容 2. 新入社員に対するコミュニケーション&ロジカルシンキング研修の実施		
会議の目的	社外講師による来年度研修の内容を確定する。		
配付資料	2016年度研修の振り返り（人財育成研修社様が用意した資料） 2017年度研修のご提案（人財育成研修社様が用意した資料）		

議事内容	担当	期限
議事に入る前に、今年度研修の振り返りがあり、高橋様から配付資料（2016年度研修の振り返り）に基づく説明があった。詳		
1. プロジェクトマネジメント研修 Step 2 ・配付資料「2017年度研修のご提案」 による。		
[決定事項] ・人財育成研修　る。 ・当社の業務内　ために、いくつかの部署を選び	高橋様 山本	2月中
・研修は5月スタートとし、日程を決める。	高橋様 渡辺	2月中
[討議内容] ・演習の効果が大きい　い。 ・ケーススタディの内容は、一般的なものよりは当社の業務内容に沿ったもののほうが受講者は興味を持ち、より実践的な考え方で演習に取り組むことができる。		
2. 新入社員に対するコミュニケーション&ロジカルシンキング研修の **[決定事項]** ・来年度も、新入社員全員（90名）に受講させる。		
・来年度は研修に先立って、職場のコミュニケーションに関する通達をマネジャークラスに発信する。	青木	研修前
・1回の研修の受講者数は、25人以下に抑える。	渡辺	
[討議内容] ・職場のコミュニケーションがよくないという声があり、研修の成果を職場で生かすうえでの阻害要因になっている面があるので、職場のコミュニケーションを円滑にするための通達をマネジャークラスに発信する必要がある。 ・1回当たりの受講人数が多いと、講師の目が届きにくくなり、研修の効果にマイナスに働く。		

特記事項			
配付先	出席者全員	CC配付先	
次回日時		次回場所	

担当欄と期限欄を設けた例を示しているが、これらの欄を省略して代わりに決定事項の中に「～に発信する（青木、研修前）」のように記述してもよい。

配付資料の説明があった場合は、議事録の中にその旨記述する。

決定事項だけ伝えればよい場合は、討議内容は省略する。

社外の人なので、敬称「様」を付けている。

・簡単な議事録であれば、ファイル添付ではなく、議事録を電子メール文として提出することもある。
・電子メールの場合も必要な項目を省くことなく、読みやすくなるように工夫した書き方にする。

■会議通知状

会議通知状は、会議の開催を知らせる文書です。記載項目には、宛先、発信者名、発信日、標題、会議名、会議開催日時（年月日、開始時刻、終了時刻）、会議開催場所があります。

必要に応じて、会議の目的、会議開催の背景説明、会議の目標（何を決めたいか、どこまで決めたいか）、参加者の持参資料、会議までの準備事項、議長名、記録係名、参加者名、当日の会議の進め方などを含めて書きます。

■事前配付資料

事前配付資料は、議題の検討が円滑に進むように、会議開催の前に配る資料です。ページ数を絞って、要点はなるべく箇条書きで示して短時間で目を通せるようにします。図表を使ったほうがわかりやすい場合は、図表を活用します。

会議の場で説明すればすむような補足的な事項は配る必要はありません。

■会議通知状の例

人財-2017-008
2017年2月10日

社内研修検討委員会メンバー各位

人財部教育課長　今井美晴

2017年度新人教育検討会開催のご案内

来年度の新人教育実施に向け、教育効果をより高めるために下記のとおり会議を開催しますので、ご出席をお願いします。

なお、関連資料を添付しますので事前にご一読のうえご出席

会議の目的を示す。別記の中に、「会議の目的:〇〇〇〇」と記述してもよい。

記

事前配付資料がある場合は、それをどう扱ってほしいのかを示す。このことを別記の中で示してもよい。

1. 日　時：2017年2月24日（金）10:00～11
2. 場　所：本館301会議室
3. 議　題：(1) 2017年度新人教育プログラム
　(2) OJT教育の効果的な進め方
　(3) 新人のスキルアップの方策
　(4) 新人のスキル評価基準の検討
4. 添付資料：(1) 2017年度新人教育プログラム案
　(2) 新人スキルの評価要素
　(3) 2016年度新人のOJTに関するアンケート調査結果
5. 出　欠：出欠を2月17日（金）までに、下記担当者宛てのメールでご連絡ください。

議題を明確に示す。

別記の中に添付資料名を示す。

以上

（担当：宍戸貴志、内線：1234、takashi.sisido@abcxyz.co.jp）

出欠を誰にどんな方法で連絡してほしいのか記述する。

この文書は紙で発行するときのフォーマットで作成しているが、電子メールで送る場合はフォーマットが異なってもそこに含めるべき要素は紙の場合と同じになる。

・議題とその時間配分、会議の目的、決定すべき事項、出席予定者など議事の概要をまとめたものをアジェンダと呼ぶことがある。
・アジェンダを用意することで、会議の主旨に沿いながら会議を効率よく進めることができる。

このパートでわかること

➔ 会議の関連文書には議事録以外に会議通知状と事前配付資料がある

コラム3

略語や記号を会議メモでどう活用するか？

会議の席でメモ書きするとき、できるだけ効率よく行う必要があります。略語や記号類をうまく利用すると、すばやくメモ書きできます。メモは他者に見せるものではないので、自己流で略語や記号の使い方のルールを決めておくと効果的です。

たとえば、次のような使い方をします。

・良い、肯定、許可：○　・特によい：◎
・問題ない：OK　・ダメ：NO　・重要：☆
・問題あり、否定、不許可：×　・疑問：？
・すごい意見、よく気づいた：！
・1週間：1W　・1カ月：1M　・売り上げ：S
・チームリーダー：TL　・マネジャー：mgr
・比較（する）：cf、・ミーティング：mtg
・電話する：TL、tel　・年度：FY　・競合：VS
・第1四半期〜第4四半期：1Q〜4Q
・6月25日：6/25　・6月下旬：6E
・3から6まで（範囲の表現）：3-6、3〜6
・時間：t　・1時間：1h　・円：¥　・単価：@
・補足：※　・加える：＋
・その結果、次に：→　・対比：⇔　・同じ：＝
・ほぼ同じ：≒　・上昇、発展、増大：↗
・下降、衰退、減少：↘　・右側が大：<
・検討（する）：検　・〜につき：／（例：1人につき1万円は「1万円／人」）
・大事：○○○（下線）
・特に大事：○○○（二重線）
・注意が必要：○○○（波線）

第4章

「一瞬で伝わる文書」に磨き上げる

⑳箇条書きを活用する
㉑段落でわかりやすくする
㉒簡潔な文章にする
㉓明快に伝わる文にする
㉔曖昧さのない文にする
㉕正しい言葉・表現を使う
㉖伝わりやすく説明する
㉗見やすいレイアウトにする
㉘図表を活用する

20 箇条書きを活用する

■箇条書きの効果は大きい

文章の中に小さな項目が多数含まれているときは、箇条書きが向いています。

箇条書きにすると、情報が文または単語の単位で示されるので、ポイントが明確になります。箇条書きは、一つひとつ確認しながら読み進めることができるため理解しやすいという効果もあります。また、適度の空白が生まれるため、読み手の目に留まりやすく注意が促されます。

箇条書きは、複数の要点を整理して示したいときや複数の事柄を分類して示したいときなどに、特に効果的に利用できます。そのため、報告書・レポートでは、箇条書きが多用されます。**文書をわかりやすくするために、箇条書きの活用は欠かせません。**

■1つの文に説明すべき項目が多数含まれているときは箇条書きにしよう

3. 調査結果

エコ商品に対する意識調査を行ったところ、商品購入時に「エコ」を意識するユーザーは65%であった。また、「エコ商品」と「低価格」の商品選択基準としての比較では、「エコ重視」が32%に対し「低価格重視」は62%を占めた。

一方、エコ商品で許容できる上限価格については、57%のユーザーが許容できる上限価格は10%増までと回答した。回答の詳細は、別紙1に示す。

3. 調査結果

(1) エコ商品に対する意識

・商品購入時に「エコ」を意識するユーザーは、65%であった。

・「エコ商品」と「低価格」の商品選択基準としての比較では、「エコ重視」が32%に対し「低価格重視」は62%を占めた。

(2) エコ商品で許容できる上限価格

・57%のユーザーが、許容できる上限価格は10%増までと回答した。

・回答の詳細は、別紙1参照のこと。

・箇条書きにすると、見た瞬間にいくつの項目があるかがわかる。
・箇条書きは、1項目ずつ読み進むので、理解も深まる。

箇条書きのパターンを使い分ける

箇条書きには、いくつかのパターンがあります。どれが効果的かを考えながら使い分けるようにします。

①別記で使われる箇条書きのパターン

左ページの上に示した例は、報告書の別記です。これを見出しと本文と見なすこともできますが、箇条書きの一種と考えることもできます。別記は、このようなパターンの箇条書きで記述するのが一般的です。

②ほかにもいくつかのパターンがある

別記以外で使われる箇条書きのパターンとしては前ページに示したものが一般的です。行頭に数字を使うのは、全部で何項目あるのかをはっきりさせたいときや手順を示す箇条書きのように順序があるときです。それ以外は、一般に中点（・）を使います。

項目名と説明の語句をコロンで結んだ箇条書きも、別記などでよく使われます。この方法はキーワードが最初に示されるので、わかりやすい箇条書きになります。

■別記では箇条書きがよく使われる

記

1. 実施期間

2017年1月1日～3月31日

2. 活動内容

（1）廃棄物の削減

・紙使用量の削減（目標：10%減）

1件1葉の徹底、両面コピーによって紙を削減した。

・電子化の推進（目標：利用率50%増）

文書の電子化、電子メール化で紙を削減した。

（2）廃棄物分別の徹底

・紙ゴミの分別による回収の徹底

・分別の細分化によるリサイクル率の向上

3. 成果

（1）廃棄物の削減に対する成果

紙使用量の削減は、目標値を上回り15%減となった。

（2）廃棄物分別の徹底に対する成果

裏面使用可能コピー用紙の回収はほぼ100%を達成した。

（以下、省略）

■項目名と説明の語句をコロンで結んだ箇条書きもある

実施日時：2017年3月15日（水）18:00～19:30
場　　所：別館2F　会議室203
講　　師：斉藤春雄人事部長
テ ー マ：労働時間管理

・コロンの後は、単語や文が続く。
・項目名の文字数が4～5字以内のときは、均等割り付けをして幅をそろえると整って見える。

マジカルナンバー

人間は、7±2の数を超えると多すぎると感じます。
この数はマジカルナンバーと呼ばれ、
いろいろな応用が可能です。
2桁の箇条書きを避けるというのも、
この考え方がもとになっています。

箇条書きのポイントを押さえる

箇条書きで記述するとき、気を付けたいポイントがいくつかあります。箇条書きの項目数の制約や行末の表現の統一です。

①項目の数が2桁になるのは避ける

箇条書きの**項目数が2桁になると、読み手に項目数が多すぎて読みにくいという印象を与えます。**箇条書きが2桁になるときは、関連がある項目をまとめてグループを作り、それぞれのグループを代表する名前（ラベル）を付けるとわかりやすくなります。ラベルは上位階層の箇条書きとして扱います。

②箇条書きの表現をそろえる

同一階層の箇条書きの表現は、いろいろ混在しないようにできるだけそろえます。行末は、「体言止め」の文、「である調」の文、「ですます調」の文のいずれかで統一するように心がけましょう。句点の有無もそろえます。なお、行末に句点を付けるのは「である調」の文と「ですます調」の文です。

③1つの箇条書きで1つの事柄を記述する

複数の事柄を含んだ箇条書きは、分割して複数の箇条書きにします。

■項目の数は2桁にならないようにする

エコの対象物
- ・バイオマス発電
- ・リサイクル燃料
- ・水素燃料
- ・家庭系廃棄物
- ・事業系廃棄物
- ・上水浄化・整水
- ・産業系排水浄化
- ・生活系排水・汚水浄化
- ・河川湖沼池海洋水質浄化
- ・海水淡水化
- ・土壌汚染調査・分析
- ・土壌汚染浄化・修復
- ・土壌改良・地盤改良
- ・土壌緑化・屋上緑化
- ・地下水汚染浄化

エコの対象物

●エネルギー
- ・バイオマス発電
- ・リサイクル燃料
- ・水素燃料

●廃棄物処理、リサイクル
- ・家庭系廃棄物
- ・事業系廃棄物

●水
- ・上水浄化・整水
- ・産業系排水浄化
- ・生活系排水・汚水浄化
- ・地下水汚染浄化
- ・河川湖沼池海洋水質浄化
- ・海水淡水化

●土壌
- ・土壌汚染調査・分析
- ・土壌汚染浄化・修復
- ・土壌改良・地盤改良
- ・土壌緑化・屋上緑化

・左の例は、フラットな階層で15項目の箇条書きが並んでいるためわかりにくい。

・右の箇条書きは、これを4つのグループに分けてそれぞれにグループ名を付けてわかりやすくしている。

・右の箇条書きは上位の行頭記号に「●」(黒丸)、下位に「・」(中点)を使っているが、上位の行頭記号に「・」、下位に「-」(ハイフン)の組み合わせもよく使われる。

このパートでわかること

➔ 箇条書きの項目数や表現にも気を付ける

21 段落でわかりやすくする

■段落でまとまりを示す

内容の小さなまとまりごとに文章を区切ったものが段落です。段落は、最初の1字をインデント（字下げ）して、段落であることを視覚的に示します。報告書・レポートでは、別記で箇条書きを中心にして記述することが多いのですが、箇条書きを使わないで文章を中心に記述することもあります。そんなときは、**段落を意識し適切な段落を設けることで文章はわかりやすくなります。**

■段落設定のポイントは？

文章が複数の段落で構成されている場合は、最初の段落でなるべく全般的なことを記述します。また、1つの段落の文の数は少なめにします。

■文章の中のまとまりを段落で示す

私は、2017 年 3 月 15 日（水）、取引先である株式会社トータルフューチャープランでの企画会議の後、見積書を含む提出資料のコピー一式を紛失していることに気づきました。会議後に立ち寄った場所や利用した交通機関へ、遺失物の届け出をしましたが、現在のところ見つかっておりません。このような重要書類を不用意に扱った原因はすべて私の不注意であり、弁明の余地はなく、心から反省しております。今後は、このような不始末を起こさないよう、深く注意を払う所存でございます。会社にかけたご迷惑と、予想される損害につきまして、いかなる処置も受ける覚悟でございます。ここに、始末書を提出いたしますので、ご査収くださいますようお願いいたします。

□私は、2017 年 3 月 15 日（水）、取引先である株式会社トータルフューチャープランでの企画会議の後、見積書を含む提出資料のコピー一式を紛失していることに気づきました。会議後に立ち寄った場所や利用した交通機関へ、遺失物の届け出をしましたが、現在のところ見つかっておりません。

□このような重要書類を不用意に扱った原因はすべて私の不注意であり、弁明の余地はなく、心から反省しております。今後は、このような不始末を起こさないよう、深く注意を払う所存でございます。

□会社にかけたご迷惑と、予想される損害につきまして、いかなる処置も受ける覚悟でございます。ここに、始末書を提出いたしますので、ご査収くださいますようお願いいたします。

・上の文章は、「起こった事実」「会社へのお詫び」「今後の処置」の3つの内容を含んだ始末書の一部を示しているが読みやすくはない。
・下の文章のように、まとまりを段落によって示せば、読み手はこれを見て瞬間的に3つのまとまりがあることに気づき、読みやすさと理解のしやすさが向上する。

■段落の最初に主題文を置く

段落を構成する複数の文の中で、段落の主題を述べているような最も大事な文のことを主題文と呼びます。たいていの段落には、主題文が含まれています。この主題文の位置によってわかりやすさが左右されます。

主題文は、段落の最初に記述するのが基本です。そうすれば、読み手は主題文を最初に読むことで、その段落が何をいおうとしているのか理解しやすくなるからです。

主題文は段落の最後にあったほうが自然な場合もあります。段落の全体をまとめたような文が最後にあったほうがわかりやすい場合はそうします。1つの段落の中で、理由や根拠、背景を述べてから結論を示したほうが流れが自然に感じられる場合も、主題文は段落の最後にもっていきます。

また、主題文は、必ずなければならないということではありません。重要な文を含まないいくつかの文を記述すればよい段落では、無理に主題文を作る必要はありません。

段落の最初は主題文にする

お電話でも申し上げましたとおり、貴社に伺う予定の 3 月 22 日（水）早朝、弊社コーポレートソリューション企画部リーダーの山崎大樹の母急逝のため急遽、山崎が郷里の北海道に帰らざるをえなくなりました。山崎欠席でお伺いすることもできたのですが、貴社とは初めてのコラボレーション製品でもありますので、責任者の山崎が復帰するのを待って、大事な初回お打ち合わせに臨みたいと考えました。このような事情があり、先日は貴社に伺うことがかなわず、大変申し訳ありませんでした。

今後の進め方に関しまして、後日、弊社の岩崎からご連絡させていただきたく存じます。その折、仕切り直しのお打ち合わせを来週以降の日時で設定させていただけましたら幸いです。何卒よろしくご検討賜りますようお願い申しあげます。

先日は急な事情から貴社に伺うことがかなわず、大変申し訳ありませんでした。お電話でも申し上げましたとおり、貴社に伺う予定の 3 月 22 日（水）早朝、弊社コーポレートソリューション企画部リーダーの山崎大樹の母急逝のため急遽、山崎が郷里の北海道に帰らざるを得なくなりました。山崎欠席でお伺いすることもできたのですが、貴社とは初めてのコラボレーション製品でもありますので、責任者の山崎が復帰するのを待って、大事な初回お打ち合わせに臨みたいと考えました。

つきましては、仕切り直しのお打ち合わせを来週以降の日時で設定させていただきたく存じます。後日、弊社の岩崎からご連絡させていただきますので、何卒よろしくご検討賜りますようお願い申しあげます。

・約束の日に会社訪問ができなかった理由をメールで報告している例であるが、上の文章は主題文（色が付いた文）が段落の最後にあるので文意を読み取りにくい。
・下の文章は、主題文が最初にあるので段落全体を理解しやすい。

このパートでわかること
➔ 主題文を段落の先頭に置くとわかりやすくなる

22 簡潔な文章にする

短文を心がける

一つひとつの文は、すっきりしたわかりやすい書き方になっていることが大切です。そのための最も簡単な方法は、文を短くすることです。**文の平均の文字数は50字を超えないようにするのが目安になります。**1行の文字数は40字前後が多いので、長い文でも2行を超えないようにします。

語句を削ったり分割したりして短くする

短文にするには、まず文から不要と思える語句を削ります。また、原則として、1つの文では1つの事柄だけを記述し、複数の事柄が含まれた長い文は分割します。長い文は、たいてい2つ以上の事柄を含んでいます。

■語句を削って短文にする

> 市場調査会社である「オールリサーチ社」にリサーチの依頼を行い、メインターゲット層として狙いを定めている主婦 30 名を一堂に集めてグループインタビューを実施した。

> 市場調査会社「オールリサーチ社」にリサーチを依頼し、メインターゲット層の主婦30名へのグループインタビューを実施した。

・余分な語句（上の色が付いた語句）を削ると文は短くなる。

■文を分割して短文にする

> 支社との連携をさらに強化し、販売店への PR 活動も含めて他社に先駆けた早めの動きを展開すると同時に、競合他社の新製品の動きをウオッチしながら、他社製品と差別化できる自社製品のセールスポイントを早急にまとめたうえで、内容確認のための会議を再度開催する。

> 支社との連携をさらに強化し、販売店への PR 活動も含めて他社に先駆けた早めの動きを展開する。同時に、競合他社の新製品の動きをウオッチしながら、差別化できる自社製品のセールスポイントを早急にまとめる。そして、確認のための会議を再度開催する。

・複数の事柄が含まれて長くなっている文は、適度に分割する。
・分割しすぎると稚拙な感じになるので注意する。
・文が短い場合は、「1つの文で1つの事柄」にこだわらなくてもよい。
・余分な語句があれば削除する。

文、文章、文書の違い

「文」は1つの完結した事柄を表す、句点が付いた文字列です。「文章」は、複数の文であるまとまった内容を表現したものです。見出しを含むこともあります。「文書」は、文章、図表などで構成された整った様式の書類を指します。

■文章全体を見直して簡潔にする

文章全体を見直して、全体を組み直しながら余分な語句は削って文章を簡潔にしていく方法もあります。この方法で適切に処理できると、大きな効果が得られます。

この方法では、主題を明確にしたうえで文の順序が適切かどうかをまず確認します。単に文を入れ替えるだけではなく、時には全体を組み替えることも考えます。似たような文が2つあった場合は、1つの文にまとめながら文を短くできないか考えます。また、全体を組み替えてわかりやすくしたうえで、さらに余分な語句を削除したり回りくどい言い方を変えたりします。

■長い修飾部は切り離す

長い修飾部があるときは、その部分を切り分けて別の文にできないか考えます。長い修飾部があるために文全体が長くなっているときは、文を簡潔にするためにこの方法は有効です。

■文章全体を組み直して簡潔にする

いつもの納品先のスーパーXYZストアへの配送が大変遅れご迷惑をお掛けしてしまいましたが、私は2017年2月11日（土）午前10時頃に商品配送のため多摩市内を車で走行していたところ、X交差点で自転車と接触事故を起こしてしまい、相手のA様に怪我はなかったのが不幸中の幸いであったものの、納品先のXYZストアへの配送が遅れてしまいました。

私は2017年2月11日（土）午前10時頃、XYZストアへ商品配送中に、多摩市の市役所前X交差点で自転車と接触事故を起こしてしまいました。相手のA様をはじめ納品が遅れてしまったXYZストアにも会社にも多大なご迷惑をかけてしまい、心よりお詫び申し上げます。幸い、A様には怪我はありませんでした。

・全体を組み直しながら文を分割して簡潔にする。

■修飾部を切り離して別の文にする

本社ビルに対する、屋上に植物を敷き詰めることでヒートアイランド現象を緩和したり CO_2 を吸収したりする効果がある屋上緑化を終え、年内には大阪支社の屋上緑化を予定しています。

本社ビルの屋上緑化を終え、年内には大阪支社の屋上緑化を予定しています。屋上緑化とは、屋上に植物を敷き詰めることです。これによってヒートアイランド現象を緩和したり、CO_2 を吸収したりする効果が見込めます。

・色で示した長い修飾部を切り離して別の文にすると簡潔になる。

このパートでわかること

➔ 短い文で簡潔に伝える

23 明快に伝わる文にする

■必要な主語・目的語を省略しない

必要な主語や目的語が抜けていると、文がわかりにくかったり時には意味が伝わらなかったりします。**必要な主語や目的語が抜けていないか**を常に考えながら文を書くようにします。

■主語と述語の対応に注意する

主語と述語が対応していない文は、そのことで意味が通じなくなるということはないにしても、読み手に雑な文という印象を与えるので注意しなければなりません。文は、**主語と述語の対応を常に意識しながら書く**ことが大事です。

■必要な主語・目的語の抜けを防ぐ

> 書類を送付するときは、ロケーションコードが必要です。社内電話システムに登録されていない場合は送付できませんので、登録されているか確認して漏れているときは速やかに登録してください。

↓

> 書類を送付するときは、ロケーションコードが必要です。社内電話システムにロケーションコードが登録されていない場合は送付できませんので、登録されているか確認して漏れているときは速やかに登録してください。

・じっくり読めば主語が何であるかわかる場合でも、主語があったほうが自然に読み進むことができる場合は含めるようにする。

> 私は2017年2月10日（金）、A 社に不注意から間違えた見積書を提出してしまいました。

↓

> 私は2017年2月10日（金）、A 社に不注意から算定金額を間違えた見積書を提出してしまいました。

・上の例は何を間違えた見積書なのかわからないが、「算定金額を」と目的語を入れることで明確になる。

■主語と述語は正しく対応させる

> 研修受講に対する希望は、ウィークデーに参加したい。

↓

> 研修受講に対する希望は、ウィークデーに参加することです。

・色が付いた主語・述語の対応に問題がある文を修正した例。

重ね言葉

重ね言葉も冗長な印象を与えます。
「〜だけに限定します」「必ず必要です」
「まだ未完成です」のように、
同じ意味の語句を繰り返すのが重ね言葉です。
それぞれ「〜に限定します」「必要です」
「未完成です」とします。

■修飾語の係り先がわかるようにする

修飾語の位置が適切でないと、明快さに欠け誤解が生じやすい文になります。

そのような文は、修飾語の位置を変えたり語順を変えたり語句を補ったりして問題を回避します。

■回りくどい表現を避ける

冗長な言い回しや回りくどい文末表現は、言い換えて簡潔な表現を心がけましょう。

たとえば、「検討するということが必要です」は「検討が必要です」とすれば簡潔になります。接続の語句も「その結果として」や「しかしながら」のような冗長な表現があります。これらも「その結果」「しかし」のように言い換えることができます。

文末にも、左ページに示すように回りくどい表現がいろいろあります。これらも言い換えて簡潔にしましょう。

■修飾語の係り先がわかるようにする

正門前に、目立つ赤い色の看板が設置されています。

→

赤い色をした、目立つ看板が正門に設置されています。
看板が、目立つ赤い色で正門前に設置されています。

1週間前に送付した荷物が担当者に届いていないことがわかりました。

→

送付した荷物が担当者に届いていないことが、1週間前にわかりました。
1週間前に送付した荷物が、担当者に届いていないことがわかりました。

・いずれの例も、修飾語の位置が不適切なために2つの解釈ができる文を修正している。

■回りくどい表現を避ける

検討するわけです。	→	検討します。
分類することができます。	→	分類できます。
中止することは避けます。	→	中止しません。
選択を行います。	→	選択します。
少ないとはいえないのです。	→	少ないとはいえません。

このパートでわかること

➔ 修飾語の位置や回りくどい表現に気を付ける

24 曖昧さのない文にする

■解釈が1つしかできない文にする

伝えたいことが、そのとおりに正確に相手に伝わるように書くためには、**1つの解釈しかできない書き方をしなければなりません。**そのためには、配慮しなければならないことがいくつかあります。

①「～のように」を否定文で使わない

「～のように」と否定形「～でない」を1つの文に同時に使うと誤解を招きやすいので、使わないようにします。たとえば、「商品Aの利益率は商品Bのように大きくありません」は、商品Aの利益率は商品Bより小さいのか、商品Aと商品Bは両方とも利益率が低いのかわかりません。「商品Aの利益率は、商品Bとは違って大きくありません」のようにすれば改善されます。

曖昧な指示語を使わない

「あれ」「これ」「それ」などの指示語は、
使い方によっては曖昧な文になります。
何を指しているのか明快な場合は問題ありませんが、
そうでないときは具体的に記述します。

②「と」と「または」を一文に混在させない

1つの文の中で、「と」と「または」をまぎらわしい形で併用すると、複数の解釈ができる文になるので、避けなければなりません。

たとえば、「提供できる商品は、AまたはBとCです」は、「提供できる商品は、Aだけ、またはBとCです」なのか「提供できる商品は、AまたはB、それにCです」なのかわかりません。明確に区別できる書き方にしなければなりません。

③全体否定と部分否定を使い分ける

「すべて」を使った否定文は、2通りの解釈ができる文になることがあるので、注意しなければなりません。全部を否定しているのか一部を否定しているのか明確に伝わるような書き方をします。

たとえば、「すべての展示品が新製品ではありません」は、「展示品には新製品がありません」という解釈と「展示品の一部は新製品ではありません」の2通りの解釈ができます。

読点を適切に使う

読点には、文の曖昧さを防ぎ誤解されないようにする効果があります。

①読点によって係り受けをはっきりさせる

修飾語と修飾される語の関係をはっきりさせたいとき、読点を適切に使うことでそれが可能になります。

左ページに、曖昧な文と読点を使って曖昧さをなくした文の例を示します。

②読点によって何を修飾しているのかはっきりさせる

対等な関係にある2つの語句の前に修飾語があると、修飾語は1つの語句だけ修飾しているのか2つの語句を修飾しているのかわかりません。読点を使って、関係をはっきりさせた例を左ページに示します。

③読点を打って読みやすくする

読点には、文を読みやすくする効果もあります。読点の打ち方には厳密なルールはありませんが、ゆるやかなルールはあります。主なルールを左のページに示します。

■読点を使って曖昧さをなくす

至急ご確認のうえ修正した見積書をお送りください。

↓

至急ご確認のうえ、修正した見積書をお送りください。
至急、ご確認のうえ修正した見積書をお送りください。

堅実経営を進めるＡ社とＢ社は、今期も増益が見込まれている。

↓

堅実経営を進める、Ａ社とＢ社は今期も増益が見込まれている。
堅実経営を進めるＡ社と、Ｂ社は今期も増益が見込まれている。

・いずれも修飾語と被修飾語が曖昧な文が、読点を打つことで1つの解釈しかできない文になっている。

■読みやすくするために読点を打つ

読点は、次のような打ち方をすることで文を読みやすくする。

・列挙する語句の間に打つ。
・主語の後に打つ（短い文は不要）。
・文頭の接続詞や副詞の後に打つ（短い文は不要）。
・条件、理由などの語句または節の後に打つ。
・長い修飾部がある場合、その前後に打つ。
・主語・述語の組み合わせごとに打つ。

このパートでわかること
➡ 読点には曖昧さをなくす役割と読みやすくする役割がある

25 正しい言葉・表現を使う

■パラレリズムに注意する

2つ以上の事柄（語句や文）を連続して記述したり対比させたり列挙したりするとき、書き方や順序が統一されていることをパラレリズム（並列法）にのっとった書き方がなされているといいます。パラレリズムは、語句、文、段落、順序、見出しなど、さまざまなレベルで、さまざまな形で現れます。

左ページの上の報告書は、見出しの表現、インデントの量、記号の使い方、数字の全角と半角、スペースの入れ方など、多くのパラレリズムに反している箇所があります。このような文書は、内容が適切であっても雑な印象を与えるので注意しなければなりません。下の報告書は、パラレリズムの視点から統一を図った例です。

■パラレリズムの視点で見直す

1. 調　査　目　的
①新製品「ぷりぷりまんじゅう　みそ味」の認知度
②イメージキャラクター〝ぷりぷり坊〟の認知度調査

2. 調査方法
・定量調査：ネットリサーチで得たデータを数値化する方法で行った。
・定性調査：インタビューや行動観察からデータを取得して分析。

3. 調査期間：2017年2月1日（水）～28日（火）

4. 調査項目
当社の新製品　ぷりぷりまんじゅう　みそ味　の認知度の調査とあわせて当社のイメージキャラクター「ぷりぷり坊」の認知度調査を行った。

5. 得られたよい分析結果
- 新製品の認知度は２４％であり、競合製品よりも高かった。
- イメージキャラクターの認知度も競合製品より若干高く21%。

1. 調査目的
・新製品「ぷりぷりまんじゅう　みそ味」の認知度
・イメージキャラクター「ぷりぷり坊」の認知度

2. 調査方法
・定量調査：ネットリサーチで得たデータを数値化
・定性調査：インタビューや行動観察からデータを取得・分析

3. 調査期間
2017年2月1日（水）～28日（火）

4. 調査項目
・当社の新製品「ぷりぷりまんじゅう　みそ味」の認知度
・当社のイメージキャラクター「ぷりぷり坊」の認知度

5. 分析結果
・新製品の認知度は、競合製品よりも高く24%であった。
・イメージキャラクターの認知度も、競合製品より若干高く21%であった。

敬語を正しく使う

社内文書には「です」「ます」のような丁寧語が使われますが、社外文書には尊敬語や謙譲語も使われます。社外に発信する報告書やレポートでは敬語を正しく扱えるように、基本をしっかり身に付けましょう。

尊敬語は、相手や第三者を敬うときに使います。「なさる」「いらっしゃる」「くださる」のような尊敬の意味を含む動詞や、「行かれる」「見られる」のように尊敬の意味を表す助動詞「れる」「られる」が付いた語を指します。「お会いになる」「ご出発になる」のように「お〜になる」「ご〜になる」「ご〜なさる」「お〜くださる」の形をとる場合もあります。

自分がへりくだることで相手を立てるのが謙譲語です。「申し上げる」「差し上げる」「伺う」のような謙譲の意味を含む動詞や、「お待ちする」「ご報告する」のように「お〜する」「ご〜する」の形をとる場合などを指します。

謙譲語は、丁寧語と重ねて使うのが普通です。たとえば、謙譲語の「いたす」は、丁寧語の「ます」と重ねて「いたします」が使われます。

丁寧な表現を心がけるあまり、過剰になるのは避けなければなりません。

敬語の種類

敬語の種類には、「尊敬語」「謙譲語」「丁寧語」の3種類があります。
謙譲語に「丁重語」、丁寧語に「美化語」を加えることもあります。
「いたします」「申します」「あります」などが丁重語で、
「ご健康」「お電話」のようにものごとを美化して
述べるのが美化語です。

■尊敬語と謙譲語を取り違えない

ご希望いたしますと、いつでも見学できます。

→ ご希望なさいますと、いつでも見学できます。

資料を拝見してください。

→ 資料をご覧ください。

詳細は、販売員に伺ってください。

→ 詳細は、販売員にお聞きになってください。

・尊敬語と謙譲語は混在させたり、謙譲語を尊敬語のつもりで使ってしまうことがないよう注意する。
・上記の「拝見する」は「見る」の謙譲語であり、「伺う」は「聞く」の謙譲語なので不適切な表現になる。

■二重敬語に気を付ける

新製品をお求めになられました。

→ 新製品をお求めになりました。

必要な資料をご用意されてください。

→ 必要な資料をご用意ください。

・いずれも過剰な敬語（二重敬語）とその修正例を示している。

このパートでわかること
➔ 尊敬語と謙譲語を適切に使う

26 伝わりやすく説明する

■数字で示す

曖昧な表現では、事実が伝わりません。**数字が使えるときは、「かなり」「大幅に」「きわめて」「大きく」のような曖昧な言葉を使わないで、「約3時間」「前年度比50パーセントアップ」「対前年同月比20パーセント減少」のような表現にします。**そうすることで説得力が増し、納得や同意が得られやすくなります。

■事実を具体的に示す

報告書・レポートでは、状況、現象、傾向、推移などの事実について記述することが多いのですが、これらは、できるだけ具体的に表現します。

■数字で表現する

販売店 A の売り上げは、きわめて順調です。

↓

販売店 A の売り上げは、昨年度に比べ30％増加しています。

■具体的に表現する

建物の屋上を緑化するプロジェクトは、順調に進められています。

↓

建物の屋上を緑化するグリーンプロジェクトは、計画どおりに進められています。

改善に向けて、新規キャンペーンや新規販売店の開発を積極的に行います。

↓

改善に向けて、次の対策を立てます。
- 新規キャンペーン計画の対策（来月中）
- 新規販売店の開発（目標：月3店）

・いずれも曖昧な表現を具体的な表現に変えた例である。

使うのを控えたほうがよい記号
なじみのない特殊な記号（¶、§、&、♪など）は使わないようにしましょう。

■記号を効果的に使う

情報を伝わりやすくするためには、適切な文章に加え、記号を効果的に使うのも有効です。

報告書・レポートで使われる記号の主な種類を、左ページの表に示します。これ以外の記号が使われることもありますが、**種類を増やしすぎると使い分けが難しくなり統一感にも欠けるので注意しなければなりません。**

記号はなるべく限定して使うようにしましょう。たとえば、括弧類は丸括弧（（　））とかぎ括弧（「　」）を主体にして、他の括弧類（“　”、〔　〕、【　】など）は使わないようにします。

■気を付けて使いたい記号もある

定着した使い方がある記号は、それにならって使います。

たとえば、「※」はちょっとした注意や補足情報に使い、用語解説には「＊」を使います。「／」は区切りのときは全角、１人当たり１０００円のように分数を表すときは半角を使います。

■報告書・レポートでよく使う記号一覧

記号	使用例	注意点
。 （句点）	機械の消耗が見られました（使用年数10年）。	括弧と句点の順序に注意する。
、 （読点）	グラフには、円グラフ、棒グラフ、折れ線グラフなどがある。	多すぎたり少なすぎたりに注意する。
， （カンマ、コンマ）	1,000,000円 グラフには，円グラフ，棒…。	数字の位取りは、3桁ごとに半角を使う。
・ （中点）	能力・経験によって判断する。	安易に読点の代わりに使わない。
＊ （アスタリスク）	レイアウト＊は、文書を…。 ＊文字や図表の配置を…。	複数使うときは、「*1」「*2」…とする。
※ （米印）	※括弧内は構成比を示す。	用語解説には使わない。
： （コロン）	調査対象：一般消費者 10:30〜12:00	時刻の場合は、半角を使用する。
〜 （波記号）	2月1日〜3月10日	
… （リーダー）	「会議室の予約は…」というメールを送ります。	
（ ） （丸括弧）	経費　41,500円（明細別紙）	全角で使用する。
「 」 （かぎ括弧）	以前よりも「環境に配慮した商品」を買うようになった。	全角で使用する。
／ （スラッシュ）	東京／大阪 経費　20,000円/人	「円/人」のように分数を示すときは半角。
- （ハイフン）	内線123-987	代わりにダッシュを使わない。
— （ダッシュ）	東京—大阪	代わりにハイフンを使わない。

このパートでわかること
➔ 用途に合った記号を使う

27 見やすいレイアウトにする

■見やすいレイアウトとは？

レイアウトは、文字や図表の配置を指す言葉です。**上司や関係者に読む気が起きないようなレイアウトでは困ります。**それでは、せっかく書いた報告書・レポートを読むのが後回しにされてしまうかもしれません。

一見して読みやすいと思わせる、見た目をすっきりしたものにするためには、書体、文字サイズ、行間、余白、インデントの仕方、そろえ方など、さまざまな要素を複合させて総合的に対処しなければなりません。

左ページの例のように、レイアウトに配慮したものとそうでないものは見た目に大きな違いがあります。レイアウトを考えた下の例のほうは、見出しの書体、記号、箇条書きなどによって変化やメリハリが感じられます。

■レイアウトにも気を配る

2017 年 2 月 14 日

岩崎課長

笹本恭介

ファシリテーションセミナー受講報告書

このたび、会議における意思決定の効率化を図るために、標記セミナーを受講しましたので、下記のとおり報告します。

記

1. 開催日時　2017 年 2 月 13 日（月）10:00～17:00
2. 開催場所　六本木セミナー会館小ホール E
3. 主催者　人財育成社
4. 講師　人財育成社講師　平野玲子氏
5. 受講料　20,000 円
6. 内 容

(1) 講演（10:00～12:00）

①ファシリテーションとは

・会議のプロセス

・会議の目的設定

②ファシリテーションの技術

・ゴールの設定

・効果的な進行法

③議論の技術

・議論の可視化

・ブレインストーミング

(2) ビデオ「良いファシリテーション

(3) グループによるケーススタディ

グループによるケーススタディは

(4) グループ発表と講評（16:00～

グループディスカッションによっ

けた。

7. 感想

講演やビデオ鑑賞、グループディス

行う方法が理解ができた。

グループによるケーススタディは、

させられた。今後は、実践を通し

セミナーによって身に付けたファ

議の活性化」など、日常の業務の

8. 添付資料

セミナーテキスト　1 部

・文字サイズ、インデントの仕方、空白、そろえ方など、さまざまな要素を複合させて見やすいレイアウトにする。

2017 年 2 月 14 日

岩崎課長

笹本恭介

ファシリテーションセミナー受講報告書

このたび、会議における意思決定の効率化を図るために、標記セミナーを受講しましたので、下記のとおり報告します。

記

1. 開催日時　2017 年 2 月 13 日（月）10:00～17:00

2. 開催場所　六本木セミナー会館小ホール E

3. 主 催 者　人財育成社

4. 講　　師　人財育成社講師　平野玲子氏

5. 受 講 料　20,000 円

6. 内　　容

（1）講演（10:00～12:00）

　①ファシリテーションとは

　　・会議のプロセス

　　・会議の目的設定

　②ファシリテーションの技術

　　・ゴールの設定

　　・効果的な進行法

　③議論の技術

　　・議論の可視化

　　・ブレインストーミング

（2）ビデオ「良いファシリテーション悪いファシリテーション」鑑賞（13:00～14:00）

（3）グループによるケーススタディ（14:00～16:00）

　グループによるケーススタディは「情報の共有化」という問題を取り上げた。

（4）グループ発表と講評（16:00～17:00）

　グループディスカッションによって課題をまとめて発表し、グループごとに講師の講評を受けた。

7. 感　　想

講演やビデオ鑑賞、グループディスカッションを通して、「ファシリテーション」を効果的に行う方法が理解ができた。

グループによるケーススタディは、日頃の会議で見過ごされがちな問題点をあらためて考えさせられた。今後は、実践を通して確実に身に付けていきたい。

セミナーによって身に付けたファシリテーションの技術を、これからは「会議の効率化」「会議の活性化」など、日常の業務の中で応用していきたい。

8. 添付資料

セミナーテキスト　1 部

以上

文字のインデント（字下げ）

見出しや本文を版面の左端にそろえないで
インデントさせることがありますが、
ワープロソフトのスタイル機能を使うと
効率よくできます。
特定の文字をインデントさせたいときは、
タブ機能を使います。他の方法もあります。

■構造が伝わりやすいようにする

見出しの設け方やその順序、階層の設け方など、文書の構造もレイアウトに大きな影響を与えます。論理的でわかりやすい構造でなければ、一見読みやすそうに思えても、実際に読んでみるとわかりにくいということになりかねません。

見出し、本文、補足情報、図表など、報告書・レポートは、さまざまな構成要素によって構造が形作られています。**どんな構造になっているのかが、一見しただけで読み手に伝わるのが好ましいレイアウトといえます。**

そのためには、見出しの階層関係が瞬時に伝わるような文字サイズ、空白のとり方、位置ぞろえなど、細部にわたる配慮が必要になります。

たとえば、1ページで構成された報告書・レポートを見たとき大きな文字サイズの見出しが3つあったとしたら、読み手に3つのテーマがあることが瞬時に伝わります。さらに、見出しの中に小見出しが3つあったとしたら小さなテーマが3つあることがすぐわかります。また、文章の中の一部が、たとえば5項目の箇条書きになっていれば5つの小さな項目があることが伝わります。

■文書の構造が見えると、理解がしやすくなる

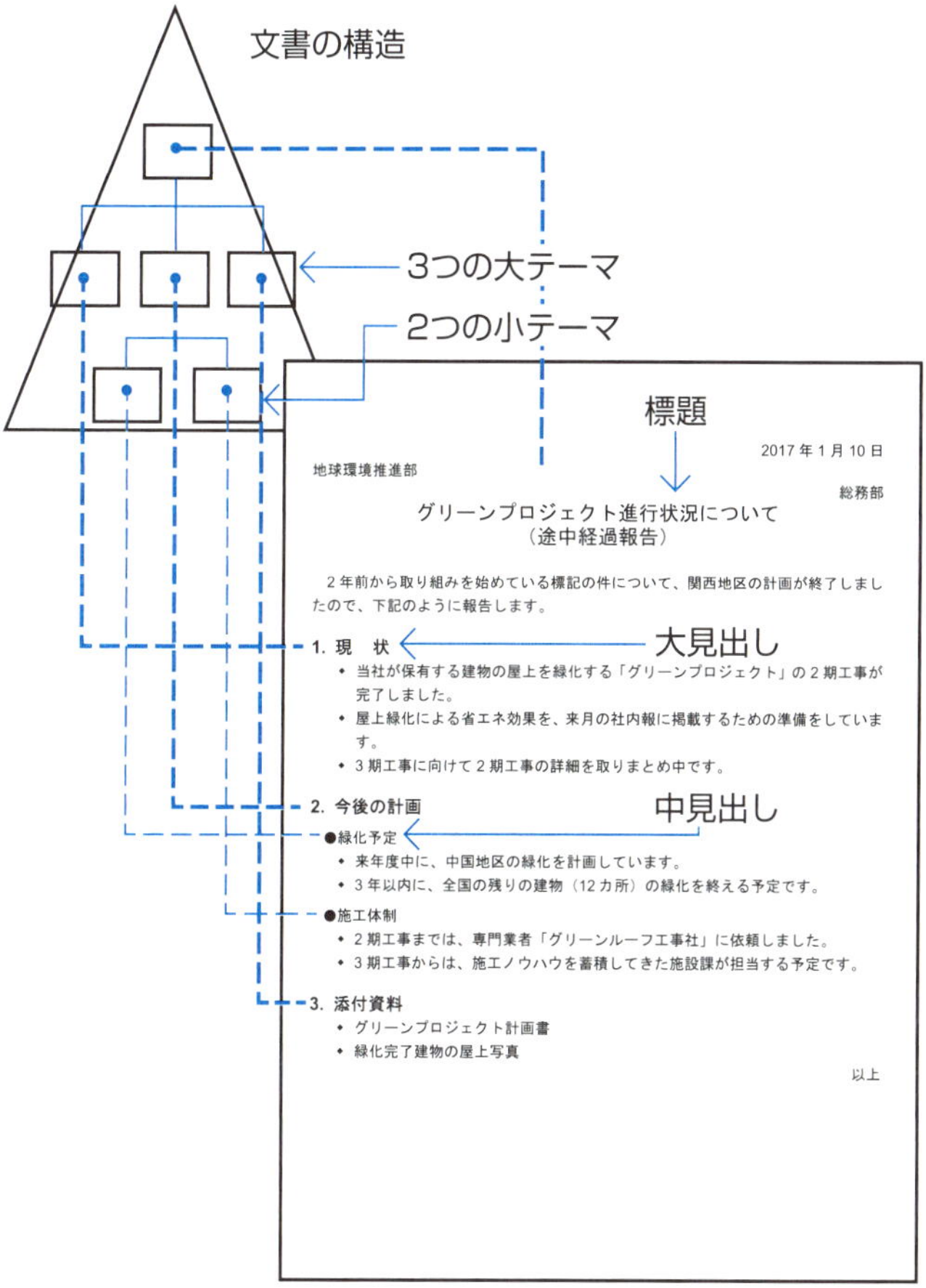

・3つの大テーマは、文書では3つの大見出し（最上位の見出し）になって現れる。
・大テーマの中の小テーマは、文書では中見出し（2階層目の見出し）になって現れる。

28 図表を活用する

■数値はグラフで表現する

複数の数字があって、推移や変化、割合を示しているときは、文章や表で示すよりもグラフを使ったほうが、内容を一目で理解することができます。グラフには、円グラフ、棒グラフ、折れ線グラフ、百パーセント積み上げ棒グラフなど、さまざまな種類があるので、**適切なグラフを選択することが大事です。**

全体に対する各データ要素（分類項目）の割合を直感的に示したいときは、円グラフが適しています。大きさの比較をしたいときは、棒グラフにします。時間の経過による数値の変化・推移を示したいときは折れ線グラフが適しています。その他、割合の変化を示す百パーセント積み上げ棒グラフ、2つの数値の関連性を表す散布図、レーダーチャートなどがあります。

■何を表現したいかによってグラフの種類を選択する

ビジネス別売上高構成比

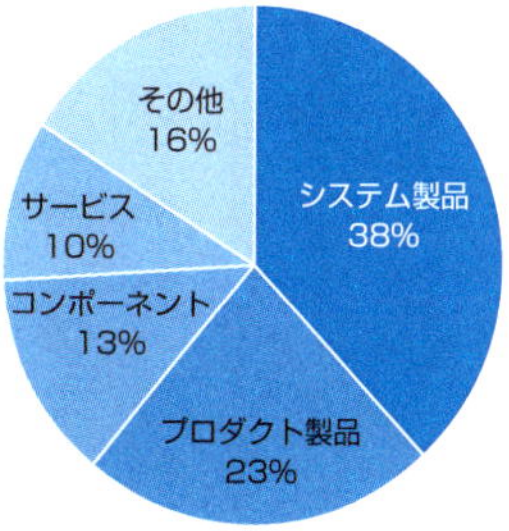

- 構成要素の比率を表現したいときに使用する。
- 構成比率が高い順に並べる（「その他」は最後）。
- 並べる順序に意味があるときは、意味のある順序で並べる。

使用済み製品再資源化量推移

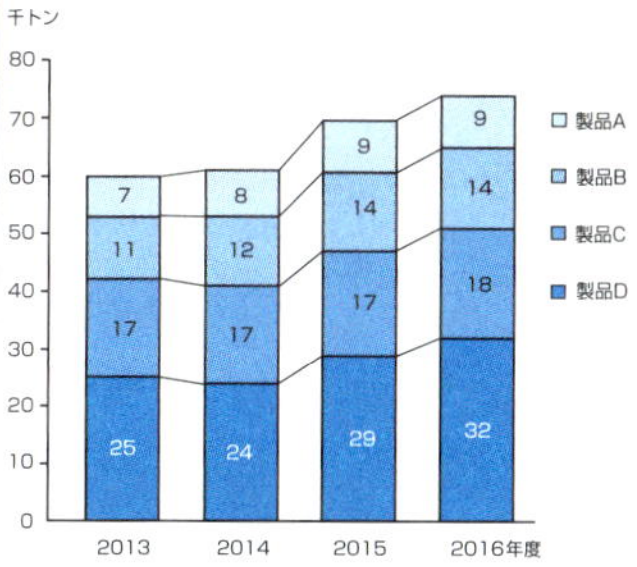

- 大きさ、量の比較をしたいときに使用する。
- 時系列などの順番がないときは左から大きい順に並べる。
- 並べる順序に意味があるときは、意味のある順序で並べる。

A地区主要企業の指数動向

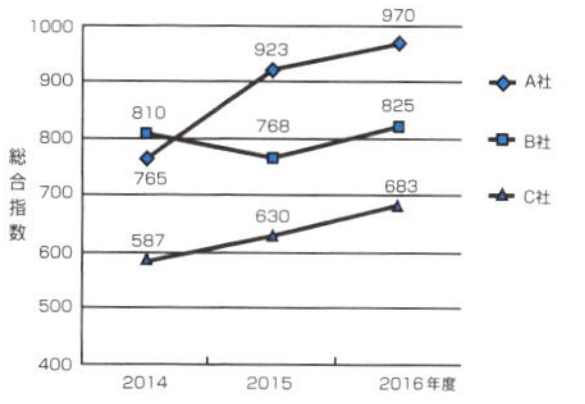

- 数量の推移を表現したいとき使用する。

消費構造の推移

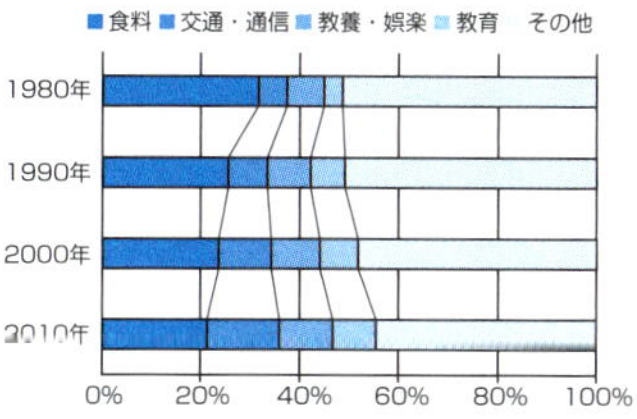

- 全体を100%にして、構成するデータ要素を比較したいとき使用する。

図解で見やすくする

いろいろな図形要素を線や矢印で結ぶことで、仕組みや物事の流れ、要素間の関係などを、わかりやすく示した図を図解と呼びます。図解にすることで、次のような効果が見込めるようになります。

・概要がすばやく伝わる。
・要素同士の関係・構造がわかりやすくなる。
・直感的な理解が得られる。
・興味を引き付ける。

表にまとめる

同じような項目が含まれている文章や箇条書きは、表としてまとめると一覧性が高くなり、整理されてわかりやすくなります。数値を多く含んだ文章も、表にするとすっきりまとまることがあります。表の種類には、予定と結果などの比較に用いる比較表、時間を基準にしてまとめる時系列表、内訳を示した内訳表などがあります。

図解を効率よく作る

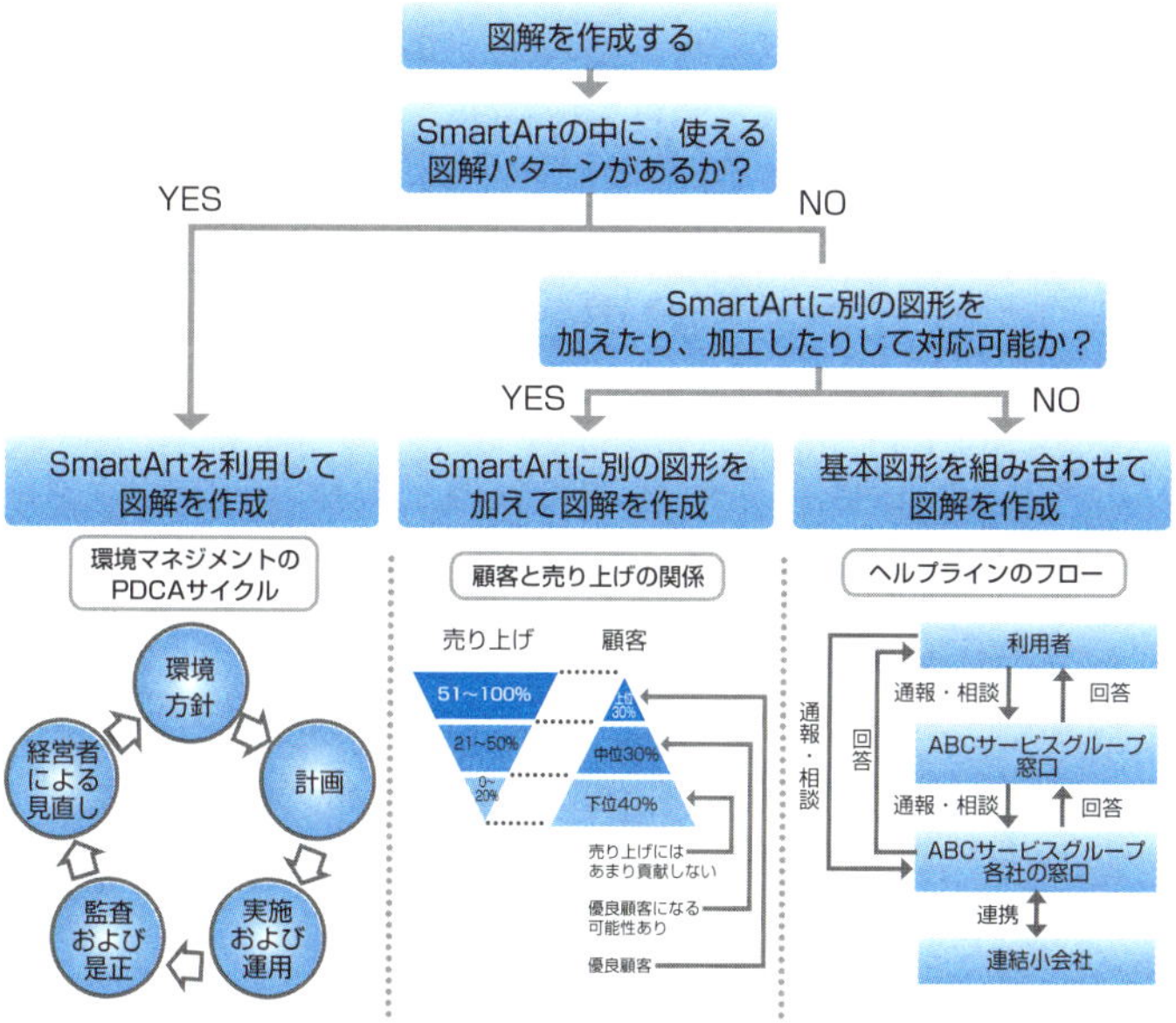

・Officeには、図解のフレームワーク集とも呼ぶべき「SmartArt」という図解作成機能がある。
・図解作成では、この機能を使うことをまず考え、この機能が使えないときは図解を構成する要素を並べて関係を明確にするなどの方法で図解を作成するのがよい。

このパートでわかること
➔ 図解作成には、SmartArt 機能を使うのが便利

コラム4

行送りと行間

文書におけるある行の基準の位置（たとえば、行の中央またはベースライン）から次の行の基準の位置までの大きさを「行送り」と呼びます。行間は、文字どおりある行と次の行の間の寸法をいいます。

Word の場合の行送りの既定値は、「行間 1 行」という独自の表現になっています。文字サイズが既定値の10.5ポイントの場合の「行間1行」は、行送り18ポイントを意味しています。行間でいうと、7.5ポイントになります。行間は、18－10.5で算出できます。

この行送り、どれくらいの値が読みやすいかというと、それは本文文字サイズの1.75倍といわれています。Word の場合は、10.5×1.75＝18.4ポイントになり、標準的な行送りになっているのがわかります。

行送り1.75倍が適切というのは、本文の場合です。図表内の文章の行送りは1.5倍以下、2行になる見出しでは1.1～1.2倍くらいが適切になります。

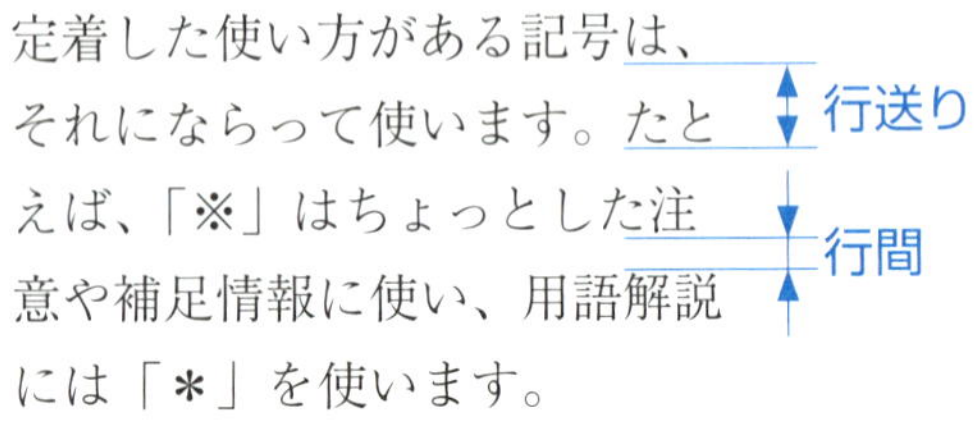
定着した使い方がある記号は、
それにならって使います。たと
えば、「※」はちょっとした注
意や補足情報に使い、用語解説
には「＊」を使います。
行送り
行間

第5章

電子メールで迅速に伝える

29 電子メールの特徴を活かす

■電子メールは文書によるコミュニケーションの主流に

電子メールにはさまざまな特徴があるため、社内・社外を問わず文書による**コミュニケーションの主流**になっています。報告書・レポート・議事録も同じです。ちょっとした報告や議事録は、電子メールですませるのが普通です。

■電子メールの特徴とは？

電子メールは先方の都合を気にすることなく、報告事項や議事内容を紙の文書に比べてはるかに手軽に、しかも複数の人に同時に送ってやり取りすることができます。返信や転送、引用、データの保存、内容の検索も簡単です。Ｗｏｒｄなどで作成した報告書・レポート・議事録のファイルを、メールに添付し

署名

社内メールには、内線電話番号や
ロケーションコードが入った社内用署名を
挿入します。また、社外メールには、
電話番号や FAX 番号、社名・部署名を含む社外用の署名を
挿入します。住所やホームページの URL を
含めることもあります。

て送ることができるのも便利です。

■注意しなければならない点もある

手軽にやり取りできるメールですが、気を付けなければならない点もあります。次のような注意が必要です。

- いったん送信してしまったメールは取り消すことができない。
- 始末書のような、相手に十分に誠意を示す必要があるものには使えない。
- 社外に対する報告書・レポートは、メールで送っても失礼にならないと判断できるものだけに利用する。
- 送ったメールが大量のメールの中に埋没してしまって、相手が読まないこともありうる。
- 電話連絡なども想定して、電話番号などが入った適切な署名を入れる。
- 基本はテキスト形式のメールとし、HTML形式のメールは、文章の一部に色を付けて強調したいなどHTMLの機能を使いたいとき以外は使わない。

大容量ファイルの送信

電子メールにファイルを添付して送るとき、
大容量のファイルを不用意に送らないようにします。
一般には、3MBまでは問題が生じることは
ほとんどないといえますが、
それ以上のときは事前に確認するとか
別の方法で送るかします。

・宛先のミスで無関係な人に送ることがないようにする。
・特定の人以外に漏れてはならない報告書・レポート・議事録の場合は、セキュリティ設定をしたファイルを添付し、パスワードは別のメールで送る。
・大容量のファイルは添付しない。

■電子メール特有のフォーマットとは?

電子メールのフォーマットには紙文書のような明確なものはありませんが、ほぼ各社共通に使われている、次のようなフォーマットがあります。

最初に受信者名、次いで発信者名を記入します。社内メールであれば、そのあと挨拶抜きでいきなり用件に入ってもかまいません。社外メールでは「いつもお世話になっております」程度の軽い挨拶文を入れます。

用件には紙文書の別記に準じた書き方が使われることもありますが、特にこうしなければならないというものはありません。用件の記述がすんだら、「よろしくお願いいたします」(社外メール)、「よろしくお願いします」(社内メール)程度の末文を入れます。最後に、署名を挿入します。

件名はより大事に

紙の文書の標題が、メールでは件名になります。
メールでは、件名と発信者名を見て、
今すぐ開封するか後回しにするか
読まないで削除するかが決まります。
メールの件名は紙文書よりも大事といえます。

電子メールの特徴を活かす

①件名は具体的に記す

受信者は、受け取ったメールの件名を見てどんなメールか判断します。不適切な件名の場合、すぐには読んでもらえなかったり後回しにされたりすることがあります。後日、メールを読み返したいと思ったときも、件名が不適切だと探しにくいという問題が起こります。

②大事なことは最初に示す

結論のような大事なことは最初に記述します。背景や理由はその後にします。ただし、背景や条件を理解してから結論を読んだほうがわかりやすいときは、結論を後にします。紙の文書と考え方は同じです。

③1つのメールで1つの用件を記述する

ある用件に関する件名なのに、読んでみたら別の用件が含まれていたというのでは、読み手は混乱します。後日、検索して読み直したいとき、必要なメールを探しにくいという問題も起こります。**1つのメールで1つの用件を心がけましょう。**

電子メールの段落

電子メールの段落は、１行空けて示します。
１文字のインデントは不要です。

④より簡潔で読みやすい文にする

簡潔な文は紙の文書でも要求されますが、電子メールは画面上で読むため、**紙の文書よりもさらに簡潔に読みやすく書くことが求められます。**多くの仕事を抱えるビジネスパーソンには、要領が悪いわかりにくいメールを丹念に読んでいく余裕はないと考えましょう。

⑤適切な用語を使う

組織名や人名を間違えないように注意します。特に、社外に発信するメールでは社名も含めて十分な確認が必要です。また、社外に発信するメールに、社内で使っている独特の用語や略語をうっかり使ってしまうことがないように注意しなければなりません。

⑥読みやすくする

メール文は画面でも読みやすいように、簡潔な文章にするだけでなく、段落ごとに空白行を入れたり、１行の長さを30～35字にしたり、長いメール文には小見出しを設けたりするなど、見やすくするために細かな配慮をします。

電子メール特有のフォーマットがある

件名：東海地区における商品Aの動向について

営業部長

営業1課の太田です。

東海地区における商品 A の売り上げ動向を調査しましたので報告します。

1. 調査目的
他地区に比較して、特に東海地区の販売が低迷している理由を探るために調査しました。

（以下、省略）

・上の例は、社内メールの場合を示す。
・大勢の人に発信する場合は、受信者名を「TO：ライン部長経由全社員」「FROM：総務部長　山田一郎」のような書き方をすることもある。

件名：議事録のご送付

XYZ プロダクツ販売株式会社　購買部長　浪瀬幸雄様

ABC ソリューション営業2部の関本一樹です。
平素は格別のご愛顧を賜り誠にありがとうございます。

昨日はお忙しい中、お打ち合わせのお時間を頂戴いたしましてありがとうございました。お打ち合わせの議事録を作成いたしましたので、添付ファイルにてお送りいたします。

内容をご確認のうえ、間違いや過不足がありましたらお知らせいただきたく存じます。

（以下、省略）

・上の例は、社外メールの場合を示す。
・最初に正式社名や氏名を記入するのが原則であるが、何度もやり取りを繰り返している場合は、もっと簡略化してもよい。

このパートでわかること
➔ 社内用、社外用にほぼ定着したフォーマットがある

30 電子メール送受信の注意点は？

■CC、BCCを適切に使う

CC、BCCは便利な機能ですが、使い方に注意が必要です。CCは「写し」の意味で、正式の受信者以外の人に参考までに伝えたいときに使います。**CCを使うときは、あまり関係がない人にまで送らないよう気を付けます。**

BCCで送った場合は受信者側にメールアドレスが表示されないので、TOやCCでメールを受け取った人は誰にBCCが送られたのかわかりません。

このBCCには2通りの使い方があります。ひとつは、送信するメールの内容を誰かに内緒で知らせたいときです。もうひとつは、互いのメールアドレスを知らない大勢の人に送りたいときです。**BCCを使うことで、メールアドレスが本人の意思に反して漏れることを防止できます。**

引用と返信
複数の項目に対して引用して返信する場合は、
引用文と返信を交互に表示させます。
そうすることで対応が明確になり混乱を防げます。

■速やかに返信する

返事が必要なときは、速やかに返信メールを送ります。そのとき、件名は変えません。そうすることで、相手は何のメールに対する返信なのかをすぐ判断することができます。

■引用して返信する

相手のメールを引用して返信することがよくあります。そのとき、引用したメールの行頭に「＞」のような記号が自動的に付くように設定しておくと便利です。そうすることで、相手のメールと返信メールが見分けられるので、複数の問い合わせに対する返信もわかりやすくなります。

複数の問い合わせ事項があるときは、返信しやすいように改行しておくとか問いごとに番号を付けておくといった配慮も必要です。

■転送を安易に行わない

メールは簡単に転送できますが、**安易な転送をしないようにします。**特に、利害が微妙に絡んでいるような内容の場合は、注意が必要です。場合によっては、許可を得てから転送します。転送するメールの内容には手を加えず、相手には何のために転送するのかを一言伝えます。

■常に冷静に対応する

電子メールは、紙よりも感情的な内容のものを送りやすいといわれています。報告書・レポートの内容が意図するものと異なっていたり、問題を含んでいたりした場合でも、そのことをストレートに表現するのではなく、冷静に落ち着いた対応をすることが求められます。

■送信前に確認する

送信する前に、件名や宛先、文面をよく確認します。読み手の立場で考えることも必要です。必要な情報が網羅できているか不要な情報を含めていないか相手が疑問に感じるような書き方をしていないかなど、ひと通りチェックします。43ページに示した6W3Hを思い浮かべるのも有効です。

■CC は関係者に参考までに伝えたいときに使う

件名：業務改善活動報告

総務部長
CC：関連会社　総務部長

全社をあげて取り組み中の業務改善運動について、活動経過をご報告します。

1. 活動の目的
(1) 作業効率の向上
(2) 5S の徹底
（以下、省略）

・関係のある人に、参考までに「CC」でメールを送っている。
・このメールを受け取った人は、特に何もする必要はないが、関心のある事柄であれば問い合わせることもできる。

件名：専門教育カリキュラム検討 WG 会議報告書

TO：
CC：

TOとCCには何も記入しない。

BCC：Norihito.Amino@jp.abc.com;Kyouko.Ichikawa@jp.xyz.com;Nobuyuki.Itou@products.co.jp;due.Oozeki@nanika.co.jp;Sayaka.Kawasugi@xyz.abc.co.jp;Reiko.Kameno@marumaru.co.jp;Mineko.Suekawa@nanntoka.co.jp;sekidera@kokoko.co.jp;tokumura@hook.co.jp

専門教育カリキュラム検討 WG メンバー各位

中央教育協会事務局の内田です。

先日は、お忙しい中お集まりいただきましてありがとうございます。
（以下、省略）

・BCC を使えば、受信者は自分以外に受け取っている人のメールアドレスを知ることはない。

このパートでわかること
➔ CC、BCC を効果的に使う

コラム5

電子メールでよく使う表現

社外メールでよく使われる表現には、次のようなものがあります。

● **文末の表現**
〜いたします／〜と存じます
● **打診**
恐縮ですが〜／恐れ入りますが〜
● **感謝**
ありがとうございます／恐縮です／恐れ入ります
● **依頼**
お忙しいところ〜／お手数ですが〜／〜いただくことは可能でしょうか／お願い申しあげます
● **確認**
ご都合いかがでしょうか／いかがでしょうか
● **返答**
ご返答いたします／ご説明申しあげます
● **承諾**
承知いたしました／承りました
● **お詫び**
申し訳ありません／ご迷惑をおかけしました／失礼いたしました
● **拒否**
残念ながら〜／残念ですが〜／あいにく〜／難しい状況です／〜には及びません
● **反論**
ご遠慮ください／大変失礼かと存じますが〜
● **提案**
〜してはいかがでしょうか／お役に立てば幸いです

第6章

すぐに使える実例集

㉛報告書
㉜レポート
㉝提案書
㉞事務的な届け

31 報告書

日報とそのポイント

上司に毎日の業務内容を報告するのが日報であり、最も基本的な報告書です。上司は、日報を読むことで部下の活動内容を把握でき、適切な助言や指示が可能になります。ミスの予防や課題発見にも役立ちます。

日報作成のポイントを挙げると、次のようになります。

- その日一日の業務内容、進捗状況、活動の成果などを記述する。
- 事実を具体的に正確に記述する。
- 私見は、そのことが伝わるように書く。
- サッと読んで理解できるように簡潔にまとめる。
- その日に提出する。遅れても翌朝には提出する。

業務日報

所属長 1	所属長 2

チェックする人の数だけ欄を設ける。省略することもある。

日付	2017 年 2 月 14 日（火）	部署	広報部	氏名	

成果があれば、「備考」欄に記入する。

時間	業務内容	備考
9:00 10:00	・部内ミーティング ・新製品 A のプレスリリース原稿作成	来週の週報編集方針の確認
11:00 12:00	・週報原稿の原稿整理	週報原稿の執筆者にメールで確認
13:00 14:00	・X プロダクションの A 氏と雑誌広告について打ち合わせ ・電話連絡 5 件	企画内容を話して、資料を提供。見積とラフな広告プランを 2 週間後に提出いただく予定
15:00 16:00	・システム Z について、Y 新聞社の取材対応	1 週間以内に、Y 新聞に掲載予定とのこと
17:00 18:00 19:00	・来年度会社紹介資料の編集方針について第 1 回部内会議 ・会議報告書作成	
20:00 21:00		
22:00		

日報は、このようなフォーマットが決められていることが多い。フォーマットがない場合は、ある時間の単位（10分とか30分とか）で区切った時間を記しながら業務内容を書く。
営業日報は記入欄を設けて訪問先とその折衝状況を主体に記入するなど、業務によってフォーマットは異なる。

特記事項：
来年度会社紹介資料で取り上げる内容について
意見も聞いておく予定。

特記事項は本人のメモ書きではなく、上司に対して伝えるべき意見や感想、情報を記入する。

・「予定」と「実際の仕事」を対比させる欄を設けたり、その日の達成度や翌日の予定、実績などを記入する欄を設けてもよい。
・フォーマットが決められている場合はそれに従うが、自由な場合は自分に合ったフォーマットを作るとよい。

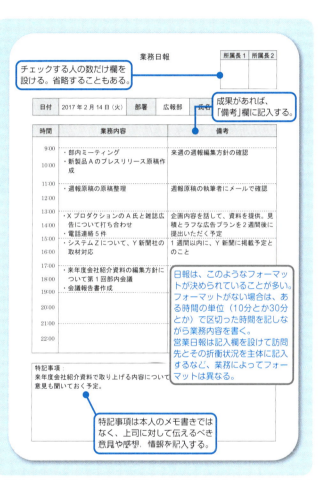

週報とそのポイント

日報よりも長い週単位で業務内容、進捗状況、成果を上司に報告するのが週報です。上司は週単位で部下の業務状況を把握し、進捗に問題がないか効率よく業務が遂行されているか確認できます。部下の指導や目標管理にも活用できます。

週報作成のポイントを挙げると、次のようになります。

- 日報よりも総括的な視点で、業務内容や成果を主に箇条書きで記述する。
- 目標に対する達成度や進捗状況も記述する。
- 客観的な事実をもとにして私見を加える。私見は、そうであることがわかるように書く。
- 特記すべき事柄があれば、「特記事項」のような項目を設けて記述する。
- 次週の計画や目標、課題も記述したほうがよい。
- 曜日を基準にする以外に、複数のジョブに同時に取り組んでいる場合にはジョブ単位でまとめながら書いてもよい。
- 提出は週末に、遅れても翌週の月曜日の朝にする。

所属長1	所属長2

業務週報

この欄の有無や枠の数は日報と同じである。

提出日	2017年2月17日（金）	部署	人事部	氏名

成果があれば「内容」欄に記入する。

日付	主業務	内容
2/13（月）	・新入社員研修の方向性を確認し、関係者と会議	4月1日から実施する新入社員教育の教育期間、教育方針、テーマ、講師などの案を作成して会議に臨み、基本的な了承を得た。
2/14（火）	・技術者の中途採用計画の立案	技術部5名、開発部3名の中途採用計画および募集要項の立案を行い、部長の内諾を得た。
2/15（水）	・技術者中途採用計画に基づく関係者の会議を開催、会議後会議報告書を作成して関係者に配布	募集要項の中身について、関係部署の意見を聴取し、募集要項に反映させる。
2/16（木）	・「グローバル人材育成対策セミナー」（主催：グローバルヒューマンスキル研究所）を受講	「未知の世界に飛び込める行動力」の涵養方法が新鮮だった。詳細は研修報告書に記載。
2/17（金）	・近隣小学生の企業訪問に対応 ・たまっていた事務手続きの処理	小学生が会社の見学を終えた後、「会社の仕組みと仕事内容」を平易に解説した。

週報は、このようなフォーマットが決められていることが多い。曜日単位ではなく、取り組んでいる複数のジョブ単位に小見出しを設けて書くこともある。

特記事項：
新入社員研修には、今回初めて外部講師が加わるので
提出を求めています。予算との兼ね合いで、テーマや

次週の予定欄を設けることもある。

営業の週報では、予定と実績も含めるとよい。営業でなくても、「予定」と「実際に行った業務」を対比させながら書くのは有効である。

・「次週の主な予定」のような欄を設けると、計画性や連続性が生まれ、進捗状況の把握にも役立つ。
・提出は週に1度であるが、毎日メモ書きしておいてそれを週末にまとめると漏れが出にくい。

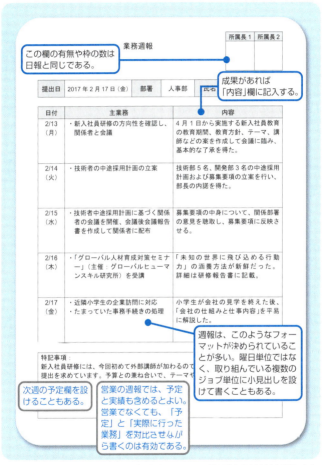

月報とそのポイント

月単位で、業務の実績を報告するのが月報です。日報や週報の集大成になります。月報には、月間目標に対する成果、1か月間の計画に対する進捗状況、目標達成度などを記述します。

月報作成のポイントを挙げると、次のようになります。

- 日報や週報よりも大きな視点で総括的に記述する。
- 実績を、項目を分けて箇条書き主体で記述する。
- 月初の業務計画や目標数字を示し、達成状況を記述する。達成できなかったときは、何が問題だったかを記述する。
- 反省点や今後の見通しなども必要に応じて記述する。
- 毎月の記載項目とその順序を同じにすると大きな流れが把握しやすくなり、比較もしやすい。
- 何か月かにわたる業務は、月ごとの進捗度を示す。
- 次月の計画や目標、課題も記述したほうがよい。
- 提出は月末に、遅れても翌月の初めにする。

月報のフォーマットが定められているときは、その内容に従う。

2017 年 2 月度業務月報

2017 年 2 月 28 日
環境管理部　佐々木勇太

1. 2月の業務

・工場 A、工場 B に対する定例の環境評価・指導
・来年度環境報告書の原稿作成
・来年度環境報告書に記載予定の部署にヒアリング
・環境関連ソフトの評価

日報、週報、月報の文体は、「である調」とする。

2. 主な業務実績

(1) 来年度環境報告書の原稿作成
・環境負荷の低減に向けた取り組み状況（CO_2 排出量の削減、廃棄物の排出抑制など）について取りまとめを行った。
・来年度の環境報告書には、一昨年から取り組みを強化している省エネ・省電力のための施策を重点的に取り上げるほか、コーポレートガバナンスに関する項目を設けることになっている。
・関係者にヒアリングしながら、主に次の点についても取りまとめを行った。
　- すべてのステークホルダーに対する経営責任と説明責任を明確にするとともに、高い透明性を伴った経営体制を確立することで、グループ全体での収益力の拡大と企業価値の増大を目指す。
　- 内部統制システムとリスク管理体制を充実させ、関連会社の事業活動についても管理・監督を行う経営システムの構築を図ることを、コーポレートガバナンスの基本的な方針として推進する。

(2) EnvPro2010 の評価
・「EnvPro2010」は、ISO 14040/44シリーズ対応のライフサイクルアセスメント実施ソフトであるが、充実した基本機能をもっている。
・カスタマイズを行えば、さらに効果が見込めるので、採用に向けた検討を進めることにした。

3. 所見

来年度の環境報告書の編集方針は、新たな視点を加えている。まず、当社も従来からの事業活動や製品開発の場での省エネ・省電力をこれまで以上に意識した環境活動を進めていることを強調する。同時に、コーポレートガバナンスにも目を向け、バランスを図った進め方にも配慮した内容にする。

4. 来月の主な予定

・各部署に依頼している環境報告書の原稿が集まるので、その原稿整理
・環境報告書の編集・印刷を来年度は ABC 印刷に変更するので、詳細打ち合わせ

以上

営業の月報では、今月の達成率、前月比、売り上げの推移、来月の目標などの欄を設けるとよい。

・数値を扱うときは、表やグラフも活用して、比較や傾向の把握をしやすくするとよい。
・計画に対する実績を示す項目を設ける場合もある。

■研修報告書とそのポイント

研修を受けたとき、研修の内容と学んだことを上司に伝えるのが研修報告書です。研修テーマ、参加目的、研修の日時、場所、講師、内容、感想、経費などを記載します。

研修報告書作成のポイントを挙げると、次のようになります。

- 研修内容は具体的に記そうとすると長くなりがちなので、プログラムの主要な内容を抜き書きする程度にとどめ、詳細内容は当日の配布資料を添付してカバーする。
- 配布資料には講師が話した内容のメモが書き加えられていたほうが価値がある。
- 単なる受講内容の説明や感想にならないようにする。
- 感想は、「ためになった」「今後に役立ちそう」といった抽象的なものではなく、どんな知識が得られたのか、研修内容を今後の業務にどのように活かしていけるのかを具体的に記載する。
- 期待外れの研修だった場合は、そのことを「感想」で記述したほうがよい。

「課長」や「部長」は敬称の意味合いを含んでいるので、「様」や「殿」は付けない。

2017 年 2 月 14 日

梅原課長

藤田　翔

ロジカルライティングセミナー受講報告書

このたび、標記セミナーを受講しましたので、下記のとおり報告します。

記

別記形式で適切な小見出しを設けながら簡潔に報告する。

1. 研 修 名　ロジカルライティング研修
2. 開催日時　2017 年 2 月 13 日（月）10:00～17:00
3. 開催場所　新宿イベント会館小ホール C
4. 主 催 者　未来教育推進社
5. 講　　師　未来教育推進社講師　長谷川雅寛氏
6. 内　　容
   (1) 講演（10:00～14:00）
   ①ロジカルライティングとは
   ・主張をはっきりさせる。
   ・情報を整理する。
   ②論理的に文章を組み立てる
   ・文書の構造を明確にする。
   ・展開の理論を理解する。
   ・MECE に展開する。
   ③わかりやすい文書にするために
   ・簡潔な表現をする。
   ・わかりやすい表現をする。
   ・演習「全体を組み替えた概論、各論の文書構造」
   (2) グループワーク（14:00～16:00）
   「提案書に説得力をもたせる」という問題を取り上げた。
   (3) グループ発表と講評（16:00～17:00）
   グループごとに課題を発表し、講師の講評を受けた。
7. 感　　想
   興味深い研修で、ロジカルに書くことの意義が理解できた。学んだロジカルライティングの技術を活かして、わかりやすい報告書や論理的な構造展開を図った読みやすい技術文書を作成したい。
   グループワークでは、自分にはなかった他の参加者の視点・切り口が発見できて新鮮だった。時間がもう少しほしかった。
8. 受 講 料　30,000 円
9. 添付資料　セミナーテキスト　1 部

以上

・研修中に気づいた点や業務に活用できそうな点は、メモをとって忘れないようにする。

出張報告書とそのポイント

出張報告書は、出張したときの具体的な活動内容と成果を直属の上司に報告するための文書です。

出張報告書の作成ポイントを挙げると、次のようになります。

- 出張の日時、場所、出張先、面談者、目的、活動内容、成果、課題（問題が残った場合）、経費などを簡潔に記述する。
- 現地で感じたことは、「感想」「所感」のような項目を設けて、最後に記述する。現地で感じた印象や雰囲気のようなものも、今後の参考になりそうな場合は記述する。
- 現地の最新情報や出張で得られた、今後役立ちそうな情報についても記述する。
- 本来の目的とは異なる面で成果や報告事項があるときは、「特記事項」のような項目を設けて記述する。
- 帰社後、速やかに作成して出張を命じた上司に提出する。

> このように、ヘッダー部のフォーマットが決められていることがある。

出張報告書

提出日：2017 年 2 月 15 日

所　属	営業 1 部	氏　名	古田浩子	同行者	なし
出張先	ABC 産業機器株式会社				
面談者	製造 1 課長　中村太郎様、製造 1 課係長　佐藤誠様				
出張日時／出張期間	2017 年 2 月 14 日（火）14:00〜17:00				
目　的	3D プリンター　CKSP0010 導入ご提案				

下記のとおり、出張報告をします。

> このように、「記」を省略することもある。

1. 打ち合わせ事項

・利用範囲の拡大に対する CKSP0010 の対応力
・トライアル導入の時期・内容
・本格導入予定時期と台数

2. 合意事項

・CKSP0010 評価のために 1 台を、来月から 3 か月間無償で貸与する。
・当社エンジニアを最初の 1 か月間無償で派遣する。

3. 懸案事項

今年度末の本格導入予定時期が、約半年延期される可能性が大きい。

4. 所　感

ABC 産業機器様は、CKSP0010 の導入に前向きである。半年間の無償貸与期間の評価が高ければ、導入の可能性は大きい。そのためには、当社エンジニアの適切な指導が重要である。
導入台数は 10 台を上回る可能性が大きいので、価格についても再度検討が必要である。

5. 出張経費

総額 27,500 円（明細書別添）

> ここでは明細書を別添としているが、参考資料や詳細資料も別添とするとよい。

以上

> 記載項目は、この他にも「概要」「説明内容」「交渉内容」「交渉結果」「調査結果」「視察概況」「経過」「実施事項」「報告事項」「成果」「処理事項」「現状」「見通し」「相手の反応・反響」「課題」「総括」「考察」「感想」「備考」「特記事項」などさまざまなものがあり、報告内容に応じて取捨選択して記述する。

・販促活動などで同じ目的の出張が多いときは、同じフォーマットを使って報告するとわかりやすくなり、成果の比較もしやすくなる。
・現地の写真が有効な場合は、写真を添付する。

■活動報告書とそのポイント

取り組むべきあるテーマがあって活動したとき、活動内容と活動によって得られた成果、今後の活動予定などを報告するのが活動報告書です。担当業務と異なった期間限定の活動やボランティア活動など、活動内容はさまざまです。活動報告書は、上司や当該活動のリーダーなど関係者に提出します。

活動報告書作成のポイントを挙げると、次のようになります。

- どうしてその活動を行ったのかについて、「目的」や「活動の背景」の中で記述する。
- 活動内容は、項目別に整理して箇条書きで示すとよい。
- 「大きな」「多大な」「思ったよりも」など曖昧な表現ではなく、できるだけ数字で示す。
- 成果は、「成果」の項目を設けて具体的に記述する。
- 私見は「所感」や「感想」の中で記述し、他の項目に混入させない。参加者の意見なども、読み手にとって有益と思われる場合は記述する。

標題は、このように具体的に書く。

2017年1月10日

総務部長

総務課　横山加奈

全社2S（整理・整頓）活動報告書

　正月の大型連休を控えた12月末、今年も“全社2S（整理・整頓）活動”を実施しましたので、その結果を下記のように報告します。

記

「背景」「課題」などの項目を設けて、なぜその活動を行うのかを記述することもある。

1. 活動名

全社2S（整理・整頓）活動

2. 活動期間

2016年12月26日（月）～28日（水）

3. 目　的

全社2S活動を通して、業務の効率化、ミスの撲滅につなげる。

4. 参加者

本社、支社、工場の全社員が参加した。

5. 活動内容

（1）個人レベルでの作業内容

・机上のキープフラット、および足元空間・引き出し・個人キャビネ内の2Sを実施。

・PCに保存された各種データ・作成文書・メール等の2Sを実施。

（2）職場レベルでの作業内容

・共有棚、共有スペース（会議室、コピー機周辺、社内便ポスト周辺、給湯スペース、喫煙スペース、ごみ回収ボックス周辺）の2Sを実施。

・日常、目の届かないコンセント付近や電源コードに付着した埃の除去を行い、安全確認。

・連続運転機器の運転期間を確認し、適切に運用されているか見直し。

（3）余剰文具類の供出

・各人保有の文具類（ボールペン、鉛筆、消しゴム、マーカーなど）は、ワン・ベストを基本とし、余ったものは供出をお願いした。

（4）書庫対応

・職場で保管するのが適切ではない書類は、指定……願いした。

成果は、項目を設けて明確に記述する。

6. 成　果

・全社から集まった文具類は、段ボール5箱分に……。

7. 所　感

・全社2S活動終了後、主な職場を点検したが、2Sは問題なく実行されていた。全社2S活動の意義がかなり浸透しているのが読み取れる。

・集まった文具類は有効活用を考えたい。

8. 今後の活動予定

次回は、夏休み前に同様の活動を実施する予定である。

以上

・複数の人が活動に参加した場合、活動報告書は参加者にも配布して活動の記録とすると同時に、今後の活動に役立つようにする。

調査報告書とそのポイント

調査報告書は、上司から依頼されたテーマについて、その調査結果や調査から得られたことを報告する文書です。

調査報告書作成のポイントを挙げると、次のようになります。

- 調査の主旨、目的、調査項目、調査方法、調査期間、調査結果、費用、総括・所感などについて明確に記述する。情報源も、支障がなければ記述する。調査結果の根拠を記述することもある。
- 調査結果については、私見を排除し正確に客観的に記述する。私見は、「所感」のような見出しを設けてそのことがわかるように記述する。
- 「提案」の項目を設けて、調査を通して得られたアイデアを記してもよい。
- 報告量が多いときは、冒頭に要約を入れる。
- 詳細資料や参考資料が多いとき、写真が付くようなときは、添付資料とすると扱いやすくなる。
- 数値データが含まれているときや、多くの要因が複雑に関係し合っている内容を説明するときは、グラフ、表、図解を利用してわかりやすくする。

2017年3月1日

経営委員会メンバー各位

マーケティング部　山田一郎

ホーププロダクツ社の商品開発に関する調査報告書

標記テーマについて調査しましたので、ご報告します。次回の経営委員会で、当社の商品開発の問題点を議論する際の参考資料としてご一読ください。

記

何のために行った調査なのかを最初に記述する。「調査目標」という項目を設けてもよい。

1. 調査の主旨

先月の経営委員会で、ホーププロダクツ社はなぜ成熟した市場でヒット商品を生み続けているのかが話題に上ったので、その背景を探るために調査を行った。

2. 調査方法

読み手の疑問に答える項目を入れるとよい。

ホーププロダクツ社に詳しいA、B両氏のヒアリングを

3. 調査結果の概要

ホーププロダクツ社は、社員提案制度を核に開発した新商品を、コンセプトを守りながら進化させ、同時に業績不振商品育成に再配分している。この一連いる。

調査の概要を最初に示してから、具体的な内容、詳細な内容を記述すると理解しやすくなる（特に、分量が多い場合）。

4. 具体的な内容

具体的な内容は、「新市場の創出」「市場投入後の商品の育成」「業績不振商品の販売中止」の3項目に大きく分けることができる。

(1) 新市場の創出

商品アイデアの社員提案制度が新市場を生み出す原動力になっており、吸い上げたアイデアを、消費者・社内の双方の視点で段階的に評価する仕組みが整っている。

(2) 市場投入後の商品の育成

市場投入後の商品の育成にも注力しており、ヒット商品も商品コンセプトを維持しつつ、消費者の嗜好の変化に合わせて商品特性を進化させている。

(3) 業績不振商品の販売中止

全商品は、業績が一定基準に達しないと販売を中止し、その経営資源を新市場の創出や商品改良に再配分してい

調査者の考えは「所感」として最後にまとめるのがよい。

5. 所　　感

弊社の商品の主力市場も年々成熟化が進んでおり、収益性も徐々に低下してきている。このような環境下で収益性を改善するためには、市場に広く受け入れられる商品を投入してそれをヒット商品に育てることが大きな課題といえる。ホーププロダクツ社の取り組みは、商品開発の1つのヒントになる。

以上

- 上記調査報告書は、調査概要→調査結果→所感というわかりやすい流れで構成されている。
- 項目や内容の記述は、目的に照らし合わせながらMECEを心がける。

事故報告書とそのポイント

事故が起こったとき、事故の状況、発生原因、対応策、被害・損害の状況、再発防止策などを記述するのが事故報告書です。日時、事故内容、経過などを、項目を分けて箇条書きで記述します。

事故報告書作成のポイントを挙げると、次のようになります。

- 事実に基づいて正確に記述し、曖昧な記述や主観による感想、言い訳、責任転嫁するような表現は避ける。
- 事故が起こった状況の記述は、時系列の箇条書きを基本とする。
- 今後の対応に関する記述は、「早急に改善を図る」のような抽象的な表現は避け、できるだけ具体的に示す。
- 「反省」の項目を設けて、反省に関する記述をすることもある。
- 事故報告書提出時点で再発防止策がまとまっていないときは、再発防止策は後回しでもよいので迅速に伝える。
- 事故の原因がわからないときは、「調査中」として提出する。
- 事実を裏付けるデータがあるときは添付して、客観性を高める。

2017 年 2 月 1 日

経理部長

サービス 1 課長　山田蓉子

請求書の誤記について（ご報告）

標記の事故について、下記のとおりご報告しま

> このような作業ミスや不測の事態も事故報告書の対象になる。

記

1. 事故の内容

情報ミックスエンジニアリング株式会社様から、2017 年 1 月分の請求書の金額が見積書で確認していた金額と異なるとの指摘を受けました。請求書の金額は、「2,200,000 円」でしたが、正しくは「1,980,000 円」でした。

2. 金額相違の原因

・新規に契約した顧客に対しては、初回の工事料は 10%引きとしており、見積書には値引き後の金額を記載しました。しかし、請求書を発行する時点で担当者がこのことを忘れており、また、請求書との照合作業も行っていませんでした。

・情報ミックスエンジニアリング様は、新規の顧客であり請求業務には細心の注意が必要でしたが、担当者の単純なミスによって今回の問題が発生しました。

3. 顧客への対応

・情報ミックスエンジニアリング様には、担当の笹田を同行して本日謝罪し、再発行した請求書をお渡ししました。

・請求金額は、再発行した請求書の金額に基づいて支払われます。

4. 顧客の反応

> 顧客への対応や顧客の反応も記述するとよい。

・間違いをご指摘いただいたのは総務課の篠原健太様から
様にも報告がなされていました。

・同社への謝罪は川辺様と篠原様の両人に行い、「今後気を付けるように」と口頭での注意を受けました。

5. 反　省

このようなことを再び起こすことがないよう、今後はなお一層の注意を払いながら請求業務を行ってまいります。請求業務の手順書にも、初回工事料はよく確認するよう明確に記載して再発防止に努めます。

今回の件に、先方が特に大きく問題視することはなかったのは幸いなことでした。経理部にご迷惑をおかけしたことを、深くお詫びします。

以上

・ミス発生や不測の事態も、内容によっては事故報告書の対象になる。
・外部要因による事故の場合は、状況を速やかに把握して報告すると同時に善後策を検討する。
・現場の写真が必要な場合もある。

32 レポート

レポートと報告書の違い

レポートと報告書の大きな違いは、
レポートは単なる現状報告にとどまらず、
提案が記述されていることです。
違いの詳細は、12ページを参照してください。

調査レポートとそのポイント

特定のテーマについて調査し、その結果から得られた客観的事実をもとに、独自の分析や解説を加えて、多くの関係者に報告するのが調査レポートです。

調査の主旨・目的、調査方法、調査対象、調査期間、調査結果などを、箇条書きを中心に記述します。

調査レポート作成のポイントを挙げると、次のようになります。

- 事実に基づいた考察、所見、対策、総括などを記載する。
- 憶測や推測で書かないようにする。
- 裏付けになるデータや資料を示す。
- 調査結果の量が多いときは要点を示し、詳細は添付資料とする。

2017 年 4 月 10 日

営業本部長
企画本部長

販売企画課　浅井悠太

新商品販売動向調査レポート

1 年前に販売を開始した新商品「ふわふわフーさん」の販売状況について調査しましたので、下記のようにご報告します。

記

1. 調査の主旨

新商品「ふわふわフーさん」がターゲット層およびそれ以外の層にどのように浸透し受け入れられているのかを明らかにするために調査を行った。

調査の主旨を最初に示すと、レポートの内容がわかりやすくなる。

2. 調査期間

2017 年 3 月 1 日～31 日

3. 調査実施会社

ABC リサーチ株式会社

4. 調査方法

(1) ネットリサーチ

当社商品のネットリサーチ用に、専用に作成したアンケート画面で質問を送り調査した。

(2) 店頭調査

実店舗の売場や商品棚を利用して、定量、定性、アイトラッキングによる調査を行った。

(3) グループインタビュー

シーン別の購買行動やニーズをグループインタビューによって探った。

5. 調査対象者

新商品「ふわふわフーさん」のターゲット層だけではなく、その前後に幅を持たせて調査した。詳細属性は、添付資料に示す。

6. 調査費

200 万円

7. 調査結果

下記の調査結果を得た。詳細調査結果は、添付資料に

(1) 単純集計表、単純集計グラフ、クロス集計表

(2) 自由回答一覧

(3) 集計報告書

所感には、調査結果を踏まえて次に何をすべきかを書く。

8. 所感

・調査によって、当社がメインターゲットと想定していた層だけでなく、特にターゲット層よりも年齢が高い層に広く好感をもたれていることが判明したのは意外な収穫であった。
・調査結果を受けて、新しい層を意識してテレビ広告、店頭プロモーションなどの販促策の見直しを図れば、さらなる拡販が可能と思われる。
・調査結果は示唆に富んでいるので、この調査結果を活かし、さらに新商品の認知度を高めるための方法を立案するためのプロジェクトを立ち上げることを提案したい。

以上

・レポートの枚数が多い場合は表紙を付けることもある。また、冒頭に要約を示すと、最初に概要が伝わるので理解しやすくなる。
・レポートは書き手の意見や判断が求められるので、分析力、判断力、洞察力などを養っておきたい。

企画・提案レポートとそのポイント

企画・提案レポートは、特定のテーマについて調査したものをベースにするものではなく、自己の考えを中心に必要な調査内容を加えて記述するものです。企画・提案レポートの作成ポイントを挙げると、次のようになります。

- 結論に至るまでの展開は、ひとりよがりの内容にならないように注意する。
- 論理的な自然な展開で、説得力を高める工夫をする。
- 提出したレポートは、上司以外にも多くの関係者が目を通すことを想定して書く。たとえば、レポートの理解にはある背景が必要でそのことを上司は理解しているが関係者はそうでない場合は、レポートには背景も含めて記述する。
- 数字が多い場合はグラフを活用し、共通の項目が多い場合は表を活用するなどして、分量が多くなっても全体が整理されわかりやすくなる工夫をする。
- 盛り込む要素も多くなることが多いので、レイアウトなど視覚面にも気を配る。

レポートの枚数が多いときは、表紙を付けて最初に要約を示す。

2017 年 3 月 10 日

コーポレートコミュニケーション統括本部長

広報室　奈良公子

CSR イメージ向上に関するレポート(1)

当社の CSR イメージの向上をどう考えるべきかについてまとめましたので、下記のようにご報告します。

記

1. 背　　景

当社は、一昨年の新聞報道による CSR 問題でイメージ低下を余儀なくされた。低下したイメージを元どおりに回復させるために、まず当社の CSR イメージがどのようなものであるか調査を行った。感覚的な捉え方にとどまらず、外部の調査会社に依頼して、特にステークホルダーが当社の CSR に対してどのようなイメージをもっているのかを定量的に知ったうえで対策を講じるべきと判断したためである。

レポート提出の「背景」を知らないとレポートの理解が難しいと思われるときは、最初に背景を説明する。ここでは、どんな問題があるのかを示している。

2. 調査期間

2017 年 2 月 1 日～28 日

3. 調査実施会社

XYZ リサーチ株式会社

4. 調査方法

「インターネット調査」および「郵送調査」による

5. 調査対象者

当社を「ある程度知っている」と答えたステークホルダー1,000 人を調査対象者に選んだ。

6. 調査項目

(1) CSR 期待度・CSR 信頼度

(2) 対環境信頼度

(3) CSR スコア（CSR 総合スコア、法令遵守スコア、消費者スコア、株式スコア、環境保全スコア、社会貢献スコア、職場・雇用スコア）

7. 調査結果

添付資料に示す。

8. 調 査 費

200 万円

9. 所　　見

「所感」は一種のまとめになっており、今後の進め方を私見として述べている。

- 調査結果からは、想定していたように法令遵守スコアが相対的にかなり低いのがわかった。またステークホルダーのイメージは回復していないことが読み取れる。一方、環境保全スコアはかなり高い評価を得ており、残りのスコアもほぼ平均的なので、法令遵守にさらに力を注いでいけば、バランスがとれた CSR イメージをもつ企業になると思われる。
- 会社のCSR活動は、ステークホルダーに認知されて肯定的なサポートビヘイビアを獲得することができて初めてその効果を認めることができる。今後、いかに全社員が CSR イメージ向上に対する意識を共有し、スコアアップに結び付く行動をとれるかが問われる。今回はそのための前提となる調査を行ったが、CSR イメージ向上には適切なアクションプランが必要である。来月はそのアクションプランを策定して「CSR イメージ向上に関するレポート(2)」として提出する予定である。

以上

・既存の資料を参考にする場合は、信憑性の高い新しいものを使う。
・レポートの目的や用途も十分に考えて作成する。

33 提案書

■提案書とそのポイント

提案書は、現状の業務効率を上げるためや課題を解決するためにアイデアを提供する文書です。日常の業務に対して不便さや能率の悪さなどの問題を感じたとき、その改善策を提示しどんな効果が見込めるのかを示します。

提案書作成のポイントを挙げると、次のようになります。

- 構成の基本は、「概論・結論（提案内容）」から「個別・詳細」へとする。
- 提案理由や実現方法を明確に示す。
- 従来との比較で期待できる効果（費用、効率、時間など）を示す。
- 内容を補強する客観的なデータや情報を加えて信頼性を高める。
- 必要な経費や予想される問題点があるときはその内容も示す。

2017 年 2 月 15 日

経営委員会御中

広報室　田中

社内週報ネット化の提案

標記の件について、下記のとおり提案します。

提案の説得力が増すように、「目的」「背景」「効果」を明確に記述する。

●提案内容

現在紙で発行している社内週報を、ネット配信（週末に配信）に切り替える。

●提案目的

ネット切り替えによって、即時性、コスト削減、情報の共有化を目指す。

●背景

社内報のネット化は大きなトレンドになっている。現在、全社員が 1 人 1 台の PC を使って仕事をしており、ネット化することで不利益を被る社員は存在しない。

●効果

ネット化によって、次のようなさまざまな効果が見込める。

・紙の場合は、印刷会社との打ち合わせ、初校校正、再校校正、製版、印刷、配達という手順が必要だったため、原稿が完成してから発行されるまで 1 週間必要であった。また、関東圏以外は、配達が翌日のためさらに 1 日遅れるという状況だった。しかし、ネット化によって、原稿執筆は配信日の 1 日前でも対応が可能になった。

・印刷会社に支払っていた、社内週報印刷の費用は年間 2,400 万円であったが、ネット化によって費用は 20 分の 1 に減少する。

・印刷の場合は、毎回 8 ページ構成だったため、週によって記事の圧縮や無理な水増しが生じていた。ネット化によって、ある程度の目安はあるものの記事の量は週によって増減しても問題がなくなる。

・アーカイブの面でも問題がなくなる。社員は、いつでも過去の記事にアクセスして読むことができる。

●実現方法

ネット社内週報の発行は、ネットソリューション株式会社のネット社内報ソフト「リアルネットニュース」を導入して行う。なお、ネットによる社内報の制作はテンプレートにテキストを流し込んで写真を指定すればよく、特別な技術は不要である。

●導入予定時期

2017 年 4 月 1 日

●導入初期費用

見積書添付

●導入事例およびネット社内週報の画面イメージ

添付資料

以上

・提案書のフォーマットが定められているときは、それに従って記入する。

提案書と企画書

提案書が現状の日常業務を中心にしたアイデアを
提供する主に社内向けの文書であるのに対し、
企画書は意思決定権をもつ人に、
新規事業や新製品の企画を示して
その実現を図る文書です。

■稟議書とそのポイント

部署内だけでは処理できない、複数の部署、複数の決裁者が必要な案件について、関係責任者の決裁・承認を得るための文書が稟議書です。会議を招集するほど重要ではないが、口頭による説明だけで承認が得られるほど簡単ではない案件が対象になります。

稟議書は内容面で大きく2種類に分けられます。ひとつは、設備の購入など日常業務に関わるものです。もうひとつは、寄付金など金銭面に関わるものです。いずれの場合も、内容、目的、理由、効果、予算などを明確に記述しなければなりません。

稟議書作成のポイントを挙げると、次のようになります。

- 起案が認められたとき、どんな効果やメリットが得られるのかをわかりやすく伝える。
- 多くの人の判断が必要な文書なので、いろいろな部署の人が読んでもわかるような書き方で要点を外さずに書く。
- 決裁の判断に必要な資料があれば添付する。

稟議書

部署名	マーケティング部	申請者	上村理沙	申請日	2017 年 2 月 14 日	
No.	MK-13005	決裁者	小峰誠也	決定	保留	否決

件名	電子ボードの購入

> 稟議書は会社ごとにフォーマットが決められているのが普通であり、そのフォーマットはさまざまである。

1. 決裁事項

電子ボードの購入

2. 購入希望機種

SuperTopBoard2016（M社製、2016 年型） 1 台

※現在の使用機種：TopBoard1990（M社製、2000 年型、購入価格：75,000 円）

3. 購入の理由

① 現在の電子ボードは、コピー機能が故障しており、機能も限定されているため、業務上の支障が出ている。

② 購入希望の電子ボードには、現在保有の電子ボードにはない次の機能があるため、会議、プレゼンテーションの業務効率が大幅に向上する。

- PC 画面を映写したボード上で書き込みができる。
- ボード上でダイレクトに PC が操作できる。
- 画面上の一部を拡大・縮小表示できる。
- スクロールができるので、手書き領域が増大する。
- ツールバーから全操作ができ、よく使う機能は登録して自分専用にカスタマイズできる。
- 背景画像のクリップアートが多数用意されている。
- Microsoft Office との連携機能を装備している。
- 複数拠点のボード間で、画面共有をしながら書き込みができる。

> 効果やメリットを、箇条書きでここに記入する。

4. 価格および購入希望機種の詳細機能

① 価格は添付の見積書に記載

② 購入希望機種の詳細機能が記載されたカタログ

> 会社によって、この欄の内容は異なる。また、この欄を上部に配置することもある。

回覧	社長	専務	常務	役員	経理	総務	技術

・稟議書はフォーマットが決まっている場合が多いので、決められたフォーマットを使い決められたルールに従って処理する。

・稟議書は複数の人の承認を受けるので、回覧の欄を設けているのが普通である。

34 事務的な届け

始末書とそのポイント

自分のミスや不手際で問題が発生したとき提出する文書が始末書です。客観的な事実に、反省と謝罪の意を加えて記述します。

始末書の作成ポイントを挙げると、次のようになります。

- 事実を歪めた書き方や言い訳、責任転嫁をしない。
- 箇条書きは、事務的な処理をしている印象を与えるので避ける。
- 事実の正確な記述とともに、責任の所在も明らかにする。
- 礼を失しないように、丁寧な表現で誠意が伝わる文章表現を心がける。
- 不始末に対してどんな対応や対策をとったかについても記述する。
- 相手が被った損失も記述する。

2017 年 2 月 13 日

営業本部長　伊藤真之様

第 1 営業部　小島翔太

客観的事実を正確に記入する。

始末書

私は、2017 年 2 月 11 日（土）午前 9 時過ぎ、八王子のＺストア様へワゴン車で商品を配送中に、立川市のＸ交差点で左折する際、バイクと接触しバイクが転倒するという事故を起こしてしまいました。

私の不注意によって、相手のＡ様をはじめ納品が遅れてしまったＺストア様にも会社にも多大なご迷惑をかけてしまいました。心よりお詫び申し上げます。

幸い、Ａ様は軽い打撲であり病院で手当てを受ける必要もなく、またバイクも転倒しましたがＡ様によって特に損傷がないことが確認されました。Ａ様との示談も成立しております。

なお、当社のワゴン車にも目視で確認できるような傷は発生しておりません。

Ｚストア様には 3 時間遅れで納品いたしました。Ｚストア様からは、遅れについてのペナルティは課さないとの寛大な処置をいただきました。

今後このような不始末を繰り返すことのないよう、細心の注意を払って業務に精進することを固く誓います。

今回の不祥事につきましては、何卒寛容なご措置をお願い申し上げます。

以上

末文は、ミスや不手際の重大さによって変わる。次のような表現がある。
「ここに始末書を提出し、深く反省の意を表すとともに、心からお詫び申し上げます」
「今後は二度とこのような事故を起こすことのないように、十分注意し業務に精進することを固く誓います」
「今回の不始末に対しては、どのような処置でもお受けいたします」

・お詫びの言葉には慣用表現があるので参考にする。
・不始末が起こった原因についても考え、必要であれば言い訳ととられないような書き方で付け加える。

顛末書とそのポイント

顛末書は、トラブルや事故を起こしたときなぜ問題が起きたかについて、発生状況、日時、原因、理由、経過を詳細に説明した文書です。始末書ほど重大な過失でない場合や正当な理由があることが明らかな場合などに提出します。

顛末書の作成ポイントを挙げると、次のようになります。

- 曖昧な表現の記述や事実に反する記述、感情的な記述をしない。
- 出来事の内容を、起こった順に時系列に記述する。重要度の順に記述することもある。現在の状況についても記述したほうがよい。
- 対象が商品の場合は、特定できるように型番などを記述する。
- 今後の見通しや私見を加えることもある。そのとき、事実と私見は明確に分ける。
- 謝罪や反省の言葉は基本的には不要であるが、「今回のトラブルを引き起こした背景にある気のゆるみを反省し、今後は業務の円滑な推進を図る所存です」のような結びの言葉を入れることもある。

2017年2月22日

営業本部長　久保田隆太様

第1営業部　川島和也

顛末書

A社様に納品した印刷物（カタログ）の一部に水がしみ込んだものがあり、追加印刷が発生しましたので、下記のように報告します。

記

> 顛末書は、このように別記形式も使われる。

●**不具合発生日時**

2017年2月15日（水）

●**状況**

2017年2月13日（月）にA社様に納品したカタログの印刷物20,000部の一部に、水がしみ込んでできた汚れがあることが、A社ご担当者様のご指摘で2月15日（水）に判明した。

●**理由**

印刷物出荷前の社内検査では問題なかったが、豪雨の中の配送中（B運送が配送）に印刷物の一部に雨がしみ込んで問題が発生した。

●**対応**

2月16日（木）に、業務課の2人が客先に出向き、1日かけて納品した印刷物20,000部全数をしみがないかチェックした。その結果、しみがある印刷物が978部見つかった。そこで約1週間後の2月22日（水）に、1,000部のカタログを増刷してA社様に届けた。

●**A社様の当社への姿勢**

しみの発生がB運送の瑕疵によるものであり、当社には直接の責任はなく、また当社が迅速に対応したため、A社様は特に不利益を被ることはなかった。そのため、今回は当社に対しては不問に付すということであった。ただし、B運送に対しては文書による再発防止策を求めるとのことであった。

> 読み手が気になりそうなことも記述するとよい。

●**損害**

業務課から2人が客先に出向き、1日かけて納品した印刷物部全数をしみがないかチェックした。その結果、しみがある印刷物が978部見つかった。そこで1週間後に、1,000部のカタログを増刷してA社に届けた。

チェック工数：2人×1日＝2人日

追加印刷費用：@520円×1,000部＝520,000円

●**B運送との交渉**

上記損害については、2月25日（土）にB運送の責任者と話し合う予定である。

以上

・顛末書では、始末書と違って箇条書きを使ってもよい。

・起こった問題の詳しい内容は事故報告書として提出し、問題が起こった経緯は顛末書に記述して提出することもできる。

永山　嘉昭（ながやま よしあき）
横河電機株式会社、横河グラフィックアーツ株式会社を経て、2003年、ビジネスコミュニケーションスキル研究所を設立。ビジネスにおけるテクニカルコミュニケーション分野、ビジュアルコミュニケーション分野の研究・教育を実践中。
著書に、『説得できる文章・表現200の鉄則』『10分間で超速スキルUP! ビジネス文章力の鉄則』『説得できる ビジネスプレゼン200の鉄則』『説得できる ドキュメンテーション200の鉄則』『ビジネス電子メールの書き方』『説得できる 図解表現200の鉄則』（以上、日経BP社）、『伝わる! 図表のつくり方が身につく本』『できる! ビジネス文書のつくり方が身につく本』（以上、高橋書店）、『［シーン別］図解活用の技術』（PHP研究所）、『超シンプル図解術』（すばる舎）、『学校じゃ教えてくれない まとめる技術』（大和書房）、『トップ１%の人が実践する「YES」を引き出す資料』（中経出版）など、多数。
URL：http://business.my.coocan.jp
E-mail:yoshiaki.nagayama@nifty.com

［ポイント図解《ずかい》］
報告書《ほうこくしょ》・レポート・議事録《ぎじろく》が面白《おもしろ》いほど書《か》ける本《ほん》

2017年８月10日　初版発行
2022年９月５日　７版発行

著者／永山嘉昭《ながやまよしあき》

発行者／青柳 昌行

発行／株式会社KADOKAWA
〒102-8177　東京都千代田区富士見2-13-3
電話 0570-002-301（ナビダイヤル）

印刷所／図書印刷株式会社

ISBN 978-4-04-602052-9　C0030